AF363442

E. LE NORDEZ

LES GRANDS SAUVETEURS

ÉDOUARD CHAIX

Ln²⁷ 46318

E. LE NORDEZ

LES GRANDS SAUVETEURS

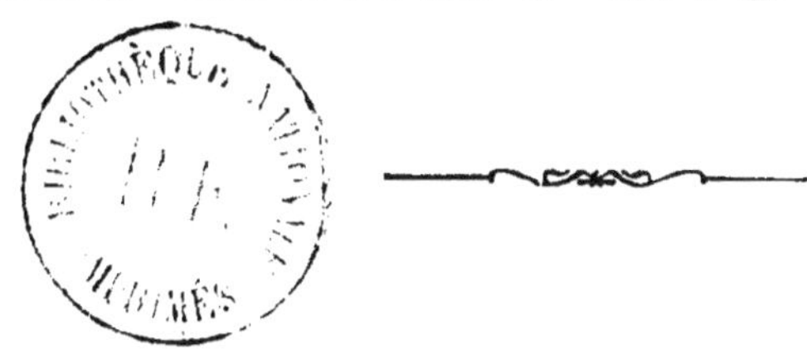

Edouard Chaix

*« Le plus humble dévouement
grandit tout un siècle. »*

LAMARTINE.

MARSEILLE

H. AUBERTIN & G. ROLLE

LIBRAIRES

34, Rue Paradis, 41, Rue de la Darse

MÊME MAISON

24, Rue Cannebière.

1899

A Monsieur Charles BONNIOT

Président de la Société
des Sauveteurs du Midi.

Cher Monsieur,

C'est pour les Sauveteurs du Midi que j'ai écrit cette apologie de celui d'entre eux qu'ils aiment et honorent le plus : il est donc tout naturel que je la leur adresse par l'intermédiaire de leur Président.

Une autre raison m'autorise à vous *imposer* le patronage de ce livre. La part que vous avez prise à sa publication vous rend avec moi solidaire du sort qui l'attend.

Il se peut que, voilant de modestie une prudence que je comprends, vous répudiiez la collaboration que je vous impute ; aussi veux-je, pour l'édification de *nos* lecteurs, en déterminer ici le caractère et la mesure. Aussi bien ferais-je ainsi, de cette dédicace, une intéressante préface.

En juillet 1897, une jeune fille du village que j'habite se laissa choir dans un puits. Deux de mes concitoyens la sauvèrent en s'exposant aux plus grands dangers. Leur admirable conduite me parut mériter l'honneur d'une distinction officielle ; mais, comme je n'avais personnellement aucun moyen de la leur faire obtenir, je recourus à vous. Nous ne nous connaissions point : mais nous nous comprîmes si vite et si bien que, à la fin de notre première entrevue, chacun de nous comptait un ami de plus.

Votre sympathie me fut exprimée et prouvée par les démarches empressées que vous fîtes pour le succès de ma requête. En effet, moins de deux mois après, vous veniez remettre, à chacun des braves que je vous avais recommandés, la médaille d'argent à lui décernée par le Gouvernement. Pour donner à cette remise quelque solennité, vous aviez invité les principaux sauveteurs du Midi à vous accompagner. L'un d'eux attira plus particulièrement mon attention tant par l'énergique douceur de sa physionomie que par les nombreuses décorations qui couvraient sa large poitrine.

A mes questions sur lui, vous répondîtes en me racontant la vie, les innombrables actions d'éclat et la détresse présente d'*Edouard Chaix*. Votre récit fut si dramatique, si chaleureux, si émouvant que je m'enthousiasmai à votre suite.

« Eh ! mais, vous dis-je, c'est le canevas complet d'un roman que vous venez de tracer. Il y a là, vraiment, tous les éléments d'un livre intéressant, d'un volume tout à fait au goût du jour, qui veut la sensation dans le réel et l'authenticité de documents humains ! »

Et, comme je m'étonnais que l'idée de l'écrire ne fût pas venue à l'un des excellents écrivains qui sont nombreux à Marseille, prenant la balle au bond, vous me mîtes en demeure de le faire moi-même, me faisant observer que pareil livre était facile à rédiger puisqu'il suffisait de narrer des faits établis ; qu'il ne manquait pas d'éditeurs marseillais pouvant l'économiquement publier ; que son succès n'était pas douteux et que, surtout, cela pouvait rendre au brave Edouard Chaix un grand service.

« En effet, ajoutâtes-vous, il a fait, il y a longtemps déjà, la demande d'un bureau de tabac dont le produit mettrait sa vieillesse prématurée à l'abri de la misère. Cette demande a été appuyée tant par des députés et des sénateurs que par un grand nombre de sociétés de sauvetage. Et Chaix attend toujours ; et sa détresse s'accroît et, désespérément, il appelle au secours ! Aidez à son sauvetage. Quand vous aurez fait connaître la belle et méritoire vie de ce grand sauveteur, il n'est pas un journal qui ne lui veuille bien consacrer quelques lignes généreuses pour que *justice* lui soit rendue. Nos gouvernants alors ne pourront plus faire la sourde oreille et, ne fût-ce que pour se soustraire à ces sommations importunes, ils auront vite trouvé pour Edouard Chaix le bureau de tabac qui peut le sauver. »

Comment résister à de pareils arguments ?

Je cédai et me mis à l'œuvre.

Des difficultés d'information, que je n'avais pas prévues, rendirent plus ardu et plus lent mon travail et je n'en étais guère qu'à la moitié lorsque j'appris que le bureau de tabac demandé était enfin accordé.

M. Peytral, ayant repris le portefeuille de ministre des Finances, avait tenu à prouver au grand sauveteur marseillais, son compatriote, l'estime et la sympathie que depuis longtemps il a pour lui.

Le livre que nous avions ensemble combiné devenait dès lors sans utilité ; je l'abandonnai, n'ayant point de vocation pour le toujours ridicule métier d'enfonceur de portes ouvertes.

Mais, tout aussitôt, vous vintes à la rescousse.

« Il est, me dites-vous, utile et opportun de montrer

que la récompense que vient d'accorder M. Peytral était méritée, était due et que, conséquemment, elle n'est point une faveur. D'autre part, les actes de sublime dévouement de notre grand sauveteur marseillais sont certainement de ceux qui peuvent et doivent être donnés à notre génération comme un grand exemple de cette solidarité qui est le principe de la morale civique. Edouard Chaix est un modèle parfait de dévouement et quand, de tant de façons, l'égoïsme s'affirme, l'heure est propice pour mettre en lumière un tel homme. »

Encore une fois je me rangeai à votre opinion, par déférence peut-être plus que par conviction.

Le manuscrit achevé, je le soumis à votre trop indulgente censure; et c'est sur vos instances que je l'ai livré à l'impression.

De tout ceci, il ressort bien que ce livre est le fruit de notre collaboration et que nous sommes solidairement responsables de sa publication.

Après tout, quelque soit son sort, nous pouvons, l'un et l'autre, en prendre allégrement notre parti. Le fond en emportera sûrement la forme et, finalement, nous retirerons quelque peu d'honneur d'avoir voulu glorifier un homme qui, par sa belle vie, par sa valeur rehaussée de modestie, par ses nombreuses actions d'éclat, par les services qu'il a rendus aux hommes et j'ajoute : par la grandeur d'âme dont il a fait preuve dans l'adversité, mérite vraiment de figurer parmi les meilleurs citoyens de la grande cité marseillaise.

Croyez, cher Monsieur, à toutes mes sympathies.

E. LE NORDEZ.

Marseille, 15 Janvier 1899.

EDOUARD CHAIX

Edouard CHAIX

I

L'Origine et l'Enfance.

S'il est vrai, ainsi que l'a observé une femme d'esprit, que nos qualités nous viennent de la nature et que nos vertus sont le fruit de l'éducation, il apparaît bien que l'origine et l'enfance fournissent le chapitre le plus instructif d'une biographie.

Pour comprendre un homme, son caractère, ses actes, toute sa vie, il est indispensable d'avoir quelques indications sur ses ascendants, sur le milieu dans lequel il est né et a grandi, sur l'éducation qui lui a été donnée, sur les influences diverses qu'il a reçues.

L'existence de l'*homme* dont je me fais l'historien ressemblant à un roman extraordinaire et, en plus d'un détail, invraisemblable, j'ai "ils travaillent trop pour avoir temps de penser à mal".

Les Chaix et les Gaudemar appréciaient infiniment plus le travail que l'instruction.

Aujourd'hui. les cultivateurs comprennent, mieux qu'on ne le pense. les fruits qu'ils peuvent retirer de l'enseignement; mais, au début de ce siècle. ils ne s'en doutaient pas; c'est que, loin de leur en faire sentir l'utilité. les gouvernants avaient — ou croyaient avoir intérêt à en restreindre l'expansion. Quand Napoléon I proclamait que "le peuple en sait toujours trop". les paysans étaient excusables de trouver que envoyer leurs enfants à l'école, c'était leur faire perdre un temps qu'ils pouvaient mieux employer à acquérir les connaissances pratiques qui font le bon agriculteur et la bonne ménagère.

Et c'est parce qu'ils pensaient ainsi que les grands parents d'Edouard Chaix associèrent leurs enfants. dès le jeune âge. à leurs durs travaux.

Madeleine menait paitre les bêtes; Sébastien, qui raffolait des chevaux. n'était content que quand on les lui laissait conduire pour le labour ou pour la récolte. Les deux enfants se rencontraient ainsi fréquemment et se prirent l'un pour l'autre d'un attachement que les années ne firent que fortifier. Leurs sentiments étant également purs, ils ne songeaient point à les dissimuler, à en cacher les manifestations. Comme ils habitaient le même hameau, ils descendaient ensemble, chaque dimanche, pour se rendre à la Messe et, l'après-midi, au bal, ils dansaient toujours l'un avec l'autre.

Barbentane avait alors un Curé comme celui dont Paul Louis Courrier parle dans sa fameuse *pétition pour les villageois que l'on empèche de danser*. Il s'était fait une famille de tous ses paroissiens, partageant leurs joies, leurs chagrins, leurs peines comme leurs amusements, où de fait on n'eût su que reprendre. C'était devant sa porte qu'on dansait et devant lui le plus souvent. Loin de blamer ces amusements et de mettre la danse au rang des péchés mortels, il trouvait à merveille ces joyeux rendez-vous des jeunes filles et de leurs prétendus. Car enfin, ces jeunes gens, disait-il, doivent se connaitre avant de s'épouser, et où se pourraient-ils jamais rencontrer plus convenablement que là, sous les yeux de leurs parents, de leurs amis et du public, souverain juge en fait de convenance et d'honnêteté. Et ce bon Curé, irréprochable dans ses mœurs et dans sa conduite, croyait bien faire d'assister à la danse, y ajoutant par sa

présence et le respect que chacun lui portait, un nouveau degré de décence et d'honneur.

Entre les filles de son âge, Madeleine se
distinguait. Comme presque toutes les arlésiennes, elle était belle ; mais sa beauté inspi-
rait plutôt la tendresse que la passion. Son
visage reflétait un cœur bon, affectueux, dévoué. A la vérité, elle était d'une douceur sans
égale ; la crainte de faire à autrui la moindre
peine lui avait donné l'habitude de céder
toujours, en tout et à tout le monde, sans que
jamais la chose parût lui être un sacrifice.

Si je m'en rapporte à ce que d'aucuns m'ont
assuré, — je manque personnellement de com-
pétence en la question, — les femmes de la
Provence ont assez généralement ce tempé-
rament-là. Les maris doivent s'en fort bien
trouver, eux qui, au contraire, passent pour
être quelque peu opiniâtres et entiers.

Il n'est pas toujours vrai que " qui se ressemble s'assemble " ; on a même observé que
les mariages les meilleurs se font de contrastes.

Ni au physique, ni au moral, Sébastien Chaix
ne ressemblait à celle qu'il prit pour femme.
Elle était svelte, lui trapu ; elle gaie et expan-
sive, lui rêveur et taciturne ; elle d'humeur
toujours égale, lui susceptible et capricieux ;

elle constante, ferme, résolue, lui indécis, changeant, prompt au découragement. Cela n'empêchait pas qu'il fût bon, affable, sensible, laborieux, économe et sobre; il réalisait, en somme, le type sympathique de ce que, en cette langue provençale si singulièrement expressive, on nomme " *un brave enfan*". Aussi, lors de leur union, l'avis unanime fut que c'était un couple on ne peut mieux assorti.

Ils vinrent se fixer à Marseille, dans l'espoir d'y gagner plus largement leur vie.

On commençait alors les travaux qui ont si admirablement transformé la ville et ses ports. Chaix entreprit les transports de matériaux et de marchandises; la dot de sa femme fit face aux dépenses du matériel, des chevaux et de l'installation.

Les débuts furent difficiles ; le travail ne venait guère. Pour en trouver, Chaix acceptait des prix peu rémunérateurs et des clients d'une solvabilité douteuse. La deuxième année, ils perdirent un cheval et durent, pour le remplacer, emprunter quelques centaines de francs. Parfois, ils se demandaient s'ils ne feraient pas mieux de retourner au village ; lui en avait l'idée, mais elle, au contraire, s'y montrait opposée. "Qu'est-ce qu'on ferait la-bas ? Ou bien on serait à la charge des parents, ou bien il faudrait travailler chez les autres. Ça ne serait-il pas bien humiliant, après avoir été si à son aise, d'en être réduit là !".

Pour triompher, elle usa d'un autre argument.

En trois ans, deux enfants étaient venus. Est-ce que ça ne leur créait pas des devoirs ? Est-ce que ça ne devait pas aussi leur donner du courage ? Et elle présentait aux baisers du Père le beau bébé qu'elle allaitait. Et, à force de bonté, de dévouement. elle ramenait la joie au foyer et raffermissait son homme.

Quand, le soir, il rentrait, toujours fatigué et souvent morose, il trouvait le ménage soigneusement fait, le repas appétissant, les enfants proprets, les visages souriants. Les caresses dont on le couvrait, l'enjouement que Madeleine mettait à lui raconter les gentilles façons des petits, la délicate manière dont elle le questionnait sur ses affaires, la confiance qu'elle montrait en l'avenir, finissaient toujours par dérider le mari.

Grâce à l'excellente femme, la "déveine" prit fin ; peu à peu la situation s'améliora et, durant de longues années, le bien-être régna dans cette honnête famille.

Elle comptait six enfants, dont l'aîné avait 24 ans et le plus jeune 11, lorsque, le 17 juillet 1841, elle s'augmenta, en une seule fois, de deux garçons que, sûrement, on n'attendait pas ensemble, mais qui n'en furent pas moins reçus avec joie.

L'un, le dernier venu, reçut le prénom de Calixte ; l'autre — l'aîné — fut appelé Edouard.

Bien que ce soit de ce dernier qu'il s'agisse en mon récit, j'aurai maintes fois à parler de l'autre, car ils sont restés presqu'aussi insépables que les frères Siamois. La membrane qui réunissait les corps de ces derniers n'offrait qu'un phénomène physiologique ; le lien moral qui n'a cessé d'unir les deux frères Chaix, qui a, sans intervention de leurs volontés, identifié en quelque sorte leurs deux existences, est un phénomène psychologique aussi mystérieux que touchant et qui doit présenter un trop saisissant intérêt pour que je ne le fasse pas ressortir.

Les deux jumeaux furent entourés d'une sollicitude qui dégénéra en véritable et fâcheuse gâterie. Pour la justifier, la maman invoquait la débilité de leur santé ; à la vérité, tous deux étaient chétifs et, comme leurs intelligences semblaient se développer aux dépens de leurs organismes, les voisines chuchotaient entre elles : « *a quels enfans soun traou intelligens, poou pas vieouré* ».

____

(1) Ces petits sont trop intelligents pour vivre longtemps.

La Mère, de son coté, se sentait, depuis ses couches, faible et languissante : elle était moins vaillante et moins gaie aussi.

Une catastrophe vint, peu après, aggraver son état et assombrir la situation.

Chaix s'était lancé dans de "grandes affaires" qui ne réussirent pas ; il s'en tira honorablement, mais il y laissa presque tout son avoir.

A la fois abattu et irrité, il tomba dans une sorte d'inertie sombre, contre laquelle sa pauvre femme n'était plus maintenant capable de réagir, étant elle même brisée, sans énergie, sans ressort. Cela n'allait pas jusqu'à lui faire négliger les deux pauvres petits; elle les soignait, au contraire, avec une tendresse plus grande, mais qui trahissait toutes les tristesses de son âme. Plusieurs fois le jour, elle les prenait sur ses genoux ; silencieuse, elle les pressait sur son sein, les fixant langoureusement, laissant, sur leurs fronts, tomber des larmes. Puis, tout à coup, se ressaisissant, elle s'efforçait de leur sourire et de les entrainer à s'amuser.

Hélas ! ils n'étaient guère portés au jeu !

Placides par tempérament, pénétrés de la mélancolie au milieu de laquelle ils grandissaient, ils fuyaient la compagnie tapageuse des gamins du voisinage, ne se plaisaient qu'ensemble et jamais ne se quittaient. Tous deux très aimants, très caressants, ils n'étaient heureux que quand leur Mère se prêtait à leurs câlineries. La mauvaise humeur habituelle de leur Père ne diminuait en rien leur affection pour lui, mais les empêchait de la manifester. Ils le voyaient, d'ailleurs, fort peu ; car il rentrait tard et partait matin.

Il avait bien été question de les envoyer à l'école ; mais, tout en en ayant l'intention, la Mère, pour n'en rien faire, se donnait à elle-même une foule de raisons : l'école était loin de la rue Juge-du-Palais où elle demeurait ; les soins du ménage ne lui laissaient pas le temps d'aller les mener et rechercher ; ils étaient maladifs, bien petits encore pour profiter des leçons ; on verrait un peu plus tard. Au fond, la pauvre femme ne pouvait se faire à la pensée de passer les longues heures du jour sans la présence, les caresses et le babil de ses deux chéris. Elle eût bien voulu pouvoir leur donner les premières notions de la lecture, mais hélas ! elle ne connaissait pas même l'A, B, C.

Mais ce que, sans cesse, elle leur donnait, c'était un bel enseignement moral.

Dissertant sur l'éducation, Montesquieu dit que nous en recevons trois différentes ou contraires : celle de nos *Pères*, celle de nos maîtres, celle du monde. » Je crois, moi, que celle que nous recevons de nos *Mères* — et que Montesquieu paraît négliger — est la première, la principale, la meilleure et la plus décisive.

Qu'est-ce, en somme, que l'éducation ? C'est tout ce qui nous donne la notion, l'amour et l'habitude du bien : c'est tout « ce qui affaiblit le penchant au mal et fortifie le penchant au bien. »

M. de Bonald a dit avec raison que « l'éducation consiste beaucoup plus en exemples et en pratique qu'en leçons et en observations.» Est-ce que la vie d'une bonne mère n'est pas un perpétuel exemple pour ses enfants, une continuelle pratique des vertus morales ?

Pour affaiblir le penchant au mal, qui existe même dans les meilleures natures, il faut nécessairement exercer sur l'esprit de l'enfant une autorité à laquelle il se soumette facilement. La contrainte, la sévérité, les châtiments ne feraient que le rebuter ; il prendrait l'éducateur en aversion et en viendrait à regarder le bien comme chose difficile à pratiquer, désagréable en elle-même.

Pour redresser un jeune arbre, le jardinier procède avec patience ; il sait qu'il le casserait en agissant brusquement. Ce n'est point en brutalisant l'enfant qu'on le corrige ; c'est en lui montrant de la tendresse, de la douceur, de la patience, "une bonté que rien ne lasse".

Une Mère seule peut donner cette éducation là ; et de Maistre dit vrai quand il affirme que "rien ne peut remplacer l'éducation maternelle".

Un mot encore sur ce sujet.

C'est une femme de grand esprit et de grand cœur qui a dit que "l'éducation doit tendre à empêcher que l'amour de soi n'étouffe l'amour de son semblable"; et Lamennais a ainsi exprimé la même pensée : "le devoir pur est le pur dévouement".

Cette belle maxime a été semée dans le cœur des frères Chaix par leur Mère ; c'est l'exemple de tous les actes de sa vie qui leur a fait tenir, pour le plus strict des devoirs, le dévouement, l'abnégation, l'oubli d'eux-mêmes pour le bien de leurs semblables.

Ils ont eu encore, dès leur jeune âge, un autre éducateur : la souffrance.

Jusqu'à l'époque où nous sommes arrivés, elle ne s'est fait voir et entendre à eux que d'une façon discrète, intermittente; l'heure vient où elle va leur donner de trop dures leçons.

Au cours de leur sixième année, l'intérieur des Chaix devint plus triste encore qu'auparavant : la Mère pleurait plus souvent et le Père se montrait morne, emporté, dur avec sa femme, avec ses enfants même. Un évènement s'annonçait qui paraissait causer autant de chagrin qu'autrefois il donnait de joie. Une nouvelle grossesse était survenue ; *lui* et *elle* en supputaient les conséquences, en des sentiments bien différents. Le mari songeait aux charges et aux ennuis que la naissance d'un nouvel enfant allait lui créer ; la femme avait le pressentiment qu'elle paierait de sa propre vie celle qu'elle donnerait à l'être qui s'agitait en son sein et qui la fatiguait extraordinairement. L'acuité de ses souffrances rendait plus obsédantes ses sombres prévisions.

Les pressentiments ! Les simples y attachent une *inéluctabilité* qui tient du fatalisme. Les adeptes des sciences occultes en attestent l'infaillibilité et, assez souvent, sans en convenir et même sans s'en douter, les plus sceptiques y accordent une certaine valeur. Illusion de sentiment ou mystérieuse prescience, cette intuition irrationnelle de l'avenir reçoit souvent la confirmation des évènements.

Le lendemain de l'accouchement de Madeleine Chaix, on l'enterrait avec deux filles mort-nées ! Sa dernière pensée et sa dernière parole avaient été pour ses deux derniers enfants, qu'elle laissait orphelins ; et elle avait recommandé instamment à leur Père d'être toujours bon pour eux et de prendre d'eux grand soin.

Il avait promis ; et, voulant tenir parole, il se mit en quête d'une « gouvernante » pour soigner ses deux garçons et tenir son ménage. Une veuve, ayant de son côté une fillette, se présenta et il l'agréa, l'installa avec un empressement qu'un peu de vigilance lui eût bien vite fait regretter.

Entièrement à la merci de cette femme qui n'avait pour eux aucune affection, qui ne s'occupait que de son propre enfant, les petits Chaix furent plus encore malmenés que mal soignés. Ils ne se plaignaient point à leur Père dont, d'ailleurs, l'habituelle maussaderie semblait leur interdire tout épanchement ; mais, en son absence, leurs ressentiments se traduisaient par des pleurs, qui agaçaient la mégère, et par des résistances qui la mettaient hors d'elle-même. Alors, elle les battait et elle en arriva à leur inspirer une véritable terreur.

Assez souvent, les coups laissaient des traces et, pour indifférent qu'il fût devenu, le Père, quand il s'en apercevait, se fachait. Elle, pour se justifier. se répandait en récriminations contre les enfants; « ils étaient hypocrites, ils étaient menteurs. ils étaient sales; c'étaient de mauvaises natures ! " Elle n'en finissait pas ; et. lui. " ça l'agacait, ça l'embétait ". Alors, elle se taisait. se faisait soumise et. par des manières enjoleuses. finissait par le calmer et se faire donner raison.

Pourtant. elle jugea prudent de changer de façon de faire. Le matin dès que le Père était parti, elle faisait lever les enfants et. une fois revétus de leurs pauvres vêtements déchirés, leur donnait un morceau de pain. toujours sec, souvent dur, puis les envoyait promener pour la pleine journée. Ils n'avaient garde de rentrer avant la soirée.

La chose satisfit tout le monde; la gouvernante qui était débarrassée des « gosses »: eux qui ne recevaient plus de coups et le Père auquel on « fichait la paix.»

Quant à ce que les deux enfants faisaient dehors, du matin au soir. on ne s'en préoccupait guère. Lui fit bien parfois observer qu'il serait temps de les envoyer à l'école. mais elle n'en fit rien et il ne s'en occupa plus.

Il avait bien d'autres soucis. Ses affaires allant de mal en pis, il avait du se résoudre à vendre cheval et voiture et il était devenu simple charretier chez un camionneur. Il n'avait plus de goût à rien ; il lui suffisait de trouver, chaque soir, le souper, le gîte et ... le reste. Dévoyé et sans volonté, il se laissait si absolument mener par sa « gouvernante » qu'il consentit à l'épouser.

Il y avait trois ans que *l'autre* était morte. Les deux enfants, qui avaient maintenant dix ans, eurent le sentiment que leur Père, en se remariant, faisait une mauvaise action ; et ils connaissaient trop le mauvais cœur de l'ancienne servante pour espérer qu'elle serait pour eux une seconde mère. A la vérité, elle ne s'occupa pas plus d'eux qu'auparavant.

En Provence, on nomme « marâtre » toute femme qui devient l'épouse d'un veuf ayant des enfants. Ailleurs, on réserve ce vilain titre à celles d'entre elles qui, au lieu de remplacer la mère défunte auprès de ces enfants, les négligent et les maltraitent. Elles sont une exception ; il faut le croire pour l'honneur de la femme, laquelle, par nature, est généralement bonne, dévouée, affectueuse aux enfants, même quand ils ne lui sont rien. Il n'est que trop vrai, néanmoins, que parmi les « secondes mères, » il en est beaucoup qui se montrent méchantes, cruelles même, sans cœur et sans pitié pour les êtres faibles que les passions ou l'indifférence d'un Père livrent à leurs tortures.

Quand j'ai interrogé Edouard Chaix sur le souvenir qu'il a gardé de sa marâtre, il m'a dit : « je crois bien qu'elle n'avait pas le fond très « bon. Avec nous, qui ne lui étions rien, elle « était méchante. Mais, en même temps, elle « était pleine de soins et de tendresse pour sa « fille ; elle l'aimait. Il était bien naturel qu'elle « eût plus de soins d'elle que de nous et qu'elle « servit ses intérêts au détriment des nôtres. « Et puis, elle montrait de l'affection à notre « Père ; elle le soignait à peu près ; et le bien « qu'elle a pu lui faire m'interdit de dire du mal « d'elle. »

Cette belle indulgence me rappelle une réflexion très humaine de J.-J. Rousseau : « Quand les situations mettent nos devoirs en « opposition avec nos intérêts et nous mon- « trent notre bien dans le mal d'autrui, nous « faiblissons sans nous en apercevoir et nous « devenons méchants dans le fait tout en étant « bons dans l'âme. »

Cela est vrai et peut, croyons-le, être appliqué à la ..."belle-mère " des frères Chaix.

Il n'en demeure pas moins certain que, dans son égoïsme, elle leur fit beaucoup de mal.

Elle continua à se débarrasser d'eux tous

les jours, quelque temps qu'il fît, sans les tenir propres, sans leur donner suffisante pitance, sans s'occuper de la conduite qu'ils pouvaient mener. Elle les brutalisait et jamais n'avait pour eux la plus petite attention, la moindre bonne parole.

Certain soir — c'était le 9 mars 1853 — les deux frères rentrèrent à la maison mouillés jusqu'aux os, les vêtements souillés et déchirés. Sans leur demander d'explications, sans même leur laisser le temps d'en donner, elle les roua de coups et les envoya coucher affamés et grelottants.

Quand le Père rentra, elle lui raconta la chose avec une acrimonie qui le mit de mauvaise humeur.

— "Tu les envoie galvauder ; ils galvaudent.

— "Ah ! c'est comme ça, interrompit-elle ? Eh bien ! moi, j'te dis que ces garnements là ont fait quelque mauvais coup et qu'ils déshonoreront *notre* nom ! Faut nous débarrasser d'eux ; sans ça, ils logeront bientôt en prison".

Il n'objecta rien ; plutôt navré qu'irrité, il songea.

— Les enfants de Madeleine, qui était la vertu incarnée, ses enfants à lui, qui pouvait bien se dire un parfait honnête homme, ces enfants là seraient des... garnements, de futurs hôtes de prisons ? Non, non ! C'était pas possible ! Mais, pourtant, abandonnés comme ils l'étaient, livrés à eux mêmes, roulant du matin au soir sur le pavé, ils pouvaient bien avoir fait de mauvaises connaissances parmi la racaille des rues. Et si, vraiment, ils avaient mal tourné, à qui la faute, sinon à lui ? Il avait promis à Madeleine mourante d'avoir bien soin d'eux et il les avait livrés à une marâtre ! Le malheur avait voulu qu'il tombât sur cette créature méchante et rouée qui l'avait ensorcelé, abêti. Ah ! il n'était pas heureux, lui ; mais c'était sa punition. Quand à ses deux pauvres enfants, innocentes victimes, ils avaient assez souffert comme ça. Il devait les éloigner de la maison maudite !

Il se coucha sans mot dire.

La nuit porte conseil ; au jour ses résolutions étaient prises.

Tout en s'habillant, il les fit connaître à la mégère ; il allait vitement la débarrasser des enfants en les embarquant comme mousses ; mais, pour cela, il ne fallait pas qu'ils fussent malades ou déguenillés ; aussi la *priait*-il de les garder à la maison, de les soigner et de rafistoler leurs vêtements.

L'argument porta ; elle promît.

Quand il fut parti, elle voulut, cajoleuse, faire avouer aux gamins ce qu'ils avaient fait la veille ; mais, n'en pouvant rien tirer, elle s'emporta et les fit déguerpir.

Un quart d'heure plus tard, le Père inopinément rentra et, comme hors de lui, demanda : « Où sont-ils ? »

— Ils ont voulu s'en aller malgré moi.

— Ah, si tu savais ce qu'ils ont fait !

— Je m'en doute bien ; quelque mauvais coup.

— Un mauvais coup ? Oh ! tais-toi, malheureuse ! Tais-toi !

Sentant que la colère lui venait, il sortit précipitamment en ricanant : « Un mauvais coup ! Ah ! Ah ! Ah !..... »

— Qu'est-ce qui lui prend ? fit-elle. Qu'est-ce qu'il a ?

Ce qu'il avait ? Une joie immense au cœur ; la plus grande, la plus vive, la plus douce joie de toute sa vie.

En arrivant au port, où il devait enlever des marchandises, des mains amies s'étaient tendues vers lui et on l'avait félicité de la conduite de ses deux braves enfants.

Qu'avaient-ils donc fait ?

Tout en s'étonnant qu'il parût n'en rien

savoir, on lui apprit que, la veille au soir, ses deux fils, Edouard et Calixte avaient sauvé deux fillettes qui se noyaient ; que les journaux en parlaient, mais qu'ils ne donnaient pas le nom des sauveteurs, parce qu'ils s'étaient esquivés sans se faire connaître.

— Eh ! oui ; avait ajouté un portefaix, ami de Chaix ; mais moi, j'étais là et je les ai bien reconnus, tes deux petits. Ah ! ils ont bien failli y rester avec les deux gamines ! Mais, c'est des braves, va ! et qui te feront honneur !

A la vérité, ce sauvetage avait été particulièrement admirable et touchant.

C'était un jeudi. Les écoles étant ce jour-là fermées, fillettes et garçonnets polissonnaient, dans les rues, sur les quais et les plages. "La Réserve du Pharo" était un de leurs rendez-vous préférés. On immergeait là, pour les conserver, des mâts de navires; et cela formait un radeau sur lequel les enfants trouvaient très amusant de s'aventurer, de sauter et de courir. Le jeu était périlleux parce que ces bois arrondis, que rien n'attachait ensemble, tournaient sur eux-mêmes, au moindre heurt, et s'écartaient. C'est ainsi que les deux fillettes dont il s'agit étaient tombées à l'eau et, tout de suite, avaient disparu, les mâts, par l'effet du remous, s'étant aussitôt rapprochés.

Epouvantés, les autres enfants avaient fui, en donnant l'alarme. Pendant que, des environs, des femmes accouraient effarées, les frères Chaix — que « leurs affaires » avaient amenés en cet endroit, — s'étaient enquis de ce qui se passait et avaient résolu de tenter le sauvetage. Tout habillés, ils s'étaient jetés à la mer, l'un à droite, l'autre à gauche du radeau et, nageant l'un vers l'autre, sous les mâts qui interceptaient la lumière, ils avaient fouillé l'abime. Calixte avait reparu le premier, tenant par les cheveux la plus jeune des noyées. Edouard avait eu plus de mal à trouver l'autre et, quand il revint à la surface, il nageait à grand peine, parce qu'elle s'était convulsivement accrochée à son bras droit, dont elle paralysait les mouvements.

Naturellement, on s'était d'abord occupé de ranimer les petites sauvées; et quand, pour les féliciter et les réconforter, on avait cherché les sauveteurs, on ne les avait plus vus.

Il se faisait tard et ils s'étaient hâtés de rentrer au logis.

On sait comment ils y avaient été reçus.

Des nombreux sauvetages accomplis, depuis celui-ci, par chacun des frères Chaix, aucun ne m'a autant ému. Tout concourt à le rendre admirable et touchant !

Ces deux fillettes arrachées à une mort certaine par ces deux bambins de douze ans, c'est un petit poëme en même temps qu'un grand drame.

On ne sait ce qu'il faut le plus admirer de la fermeté, du sang-froid, de la décision ou de l'énergie des deux jeunes sauveteurs. A l'instinct du dévouement, ils unissent la sagesse des moyens ; aux élans du cœur la réflexion qui les discipline ; au sentiment la raison.

Ce premier sauvetage révélait, chez les deux frères, une véritable vocation et l'on eût pu, sans être prophète, présager que la vie de l'un et de l'autre serait toute de dévouement à leurs semblables.

Le vrai dévouement s'ignore ; Edouard et Calixte Chaix ne purent comprendre pourquoi on leur montra tant d'admiration pour un acte aussi naturel que celui qu'ils avaient accompli. Seulement, ils furent bien heureux du changement que cela apporta dans les sentiments et dans la conduite de leur Père à leur endroit. Il ne fut plus le même. Autant auparavant il les négligeait, autant il fut affectueux et bon pour eux.

Dès le surlendemain du sauvetage, il attendit qu'ils fussent levés pour partir ; il les emmena avec lui et les conduisit dans un magasin d'où ils sortirent vêtus de neuf de la tête aux pieds.

Cela fait, voulant les présenter à ses amis, il les invita à l'accompagner jusqu'au port, leur promettant un bon déjeuner.

Ils ne se montrèrent pas aussi enchantés qu'il l'avait espéré et, en le suivant un peu en arrière, ils se concertaient à voix basse.

— Papa, dit Calixte, sois pas fâché ; mais, nous pouvons pas aller déjeuner avec toi.

— Eh ! pourquoi ça ?

— C'est parce que, ...parce que nous avons nos affaires.

Leurs affaires ? qu'est-ce qu'ils pouvaient bien entendre par là ?

Il les interrogea avec douceur et voici ce qu'il apprît

— Lorsque... *on* les avait, chaque matin, envoyés promener, ils avaient pris l'habitude d'aller, sur les rochers d'Arenc, pêcher des moules pour manger avec le peu de pain qu'*on* leur donnait. Ayant trouvé un endroit où ces coquillages abondaient, ils avaient songé à aller en vendre à Saint-Louis, à Saint-André et jusqu'à La Viste. Avec les quelques sous que, de temps à autre, ils gagnaient de la sorte, ils s'achetaient un peu plus de pain.

Un jour qu'ils passaient par la Madrague de

la Ville, un bâtelier leur avait demandé de nettoyer son canot ; ce qu'ayant fait soigneusement, ils avaient reçu chacun deux sous. Ceci leur avait suggéré l'idée d'offrir à d'autres bâteliers de leur rendre le même service, moyennant deux sous seulement par bâteau. Ça avait réussi et, en peu de temps, ils avaient « l'entreprise » du nettoyage de la plupart des canots abrités dans les anses du littoral, d'Arenc à l'Estaque. Ils se faisaient ainsi près de trois francs par semaine ! Cet argent là leur avait permis de se mieux nourrir et puis aussi ils s'étaient, parfois, le dimanche, au Lazaret, acheté des chaussures, des gilets de laine et quelques autres petites choses dont, sans que le pauvre Père pût s'en douter, *on* les laissait manquer.

Ils avaient abandonné " le commerce des moules " qui donnait plus de mal que de bénéfices. Mais les bateaux, c'était bon, c'était sûr ; ils ne pouvaient pas abandonner " l'entreprise. "

— Tu comprends, Papa, conclurent-ils, il ne faut pas négliger les affaires !

— Non, mes braves enfants, faut pas négliger les affaires. Mais voici comment nous ferons maintenant. Nous partirons ensemble de la maison ; vous me donnerez un coup dans mon travail afin d'en faire l'apprentissage ; nous déjeunerons ensemble de bonne heure ; vous irez à vos affaires, moi aux miennes et, le soir, nous nous retrouverons pour rentrer en même temps. Quant à elle, si elle n'est pas contente, elle pourra prendre la porte si elle veut. »

Ils le quittèrent ; et lui, toute l'après-midi, réfléchit à ce qu'il venait d'apprendre.

— Quels braves enfants, tout de même ! A leur place, quatre-vingt quinze sur cent se seraient certainement perdus ! L'oisiveté, l'entraînement, les mauvaises compagnies, les mauvais exemples et les mauvais conseils, les tentations que la privation fait naître, tout devait les faire tourner mal, leur donner les vices qui font les vauriens, les *nervi !* Mais, si bonne était leur nature, si instinctif leur amour du bien, qu'ils avaient pu, bien qu'exposés dès l'âge de huit ans à toutes les perversions, rester honnêtes et purs !

Et sa pensée se reportait à Madeleine, dont ils étaient les dignes enfants ! Il se sentait du remord et se promettait de réparer ses torts, de changer de vie et d'aimer ses deux fils comme ils le méritaient.

On devine aisément que celle qu'il rougissait maintenant d'appeler « ma femme », ne prit pas aisément son parti du nouveau régime auquel on prétendait la soumettre. Elle se révolta, fit des menaces et des scènes, se montra si durement méchante que le Père, autant que les enfants, eût peur d'elle. Il était faible et il l'avait laissé prendre sur lui trop d'empire pour s'en pouvoir jamais affranchir.

La mort lui apporta la délivrance.

Un refroidissement, pris au travail, l'enleva en quelques jours.

Depuis son mariage, aucun de ses autres enfants ne l'avait revu. Ils vinrent à son lit de mort, lui donnèrent un baiser d'adieu qui lui fut un suprême pardon, et « il mourut le nom de sa première femme à la bouche et son image au fond du cœur. »

Quand, après avoir conduit au Cimetière les restes de leur Père, les deux frères revinrent à la maison, la « veuve » leur déclara qu'ils n'y avaient plus de place ; et leur ferma la porte.

Les dispositions, d'une légalité douteuse, qu'elle avait su arracher au défunt, la constituaient, non l'héritière, mais la propriétaire de tout ce qui se trouvait dans leur logement.

Si une grande faiblesse de caractère avait

trop souvent fait négliger à Sébastien Chaix ses devoirs de Père de famille, il avait tout au moins donné à ses enfants l'exemple de la probité, du travail et de la sobriété; et cet exemple, ils ne l'ont jamais oublié.

II

La liberté. — La lecture sans maître. —
Le premier embarquement. —
La première Communion. — Le feu à bord. —

———

Cherchant ce qu'il y avait de plus admirable en Louis IX, Guizot a dit qu'«il était par dessus tout un homme consciencieux.»

Toute mesure gardée, j'en peux bien dire autant d'Edouard Chaix ; ce qui domine en lui, c'est ce sentiment naturel du bien qui se nomme «la conscience» et qui, selon l'expression de Pascal, est «le meilleur livre de morale que nous ayons.»

Il est très vrai qu'il y a, dans toutes les âmes des idées communes sur le bien et sur le mal, sur le juste et sur l'injuste ; mais, il n'y a pas, dans toutes les âmes, un égal amour du bien et du juste, une égale aversion pour le mal et l'injuste. En d'autres termes, le sens moral, chez les hommes, a des degrés ; ils n'ont pas tous une conscience assez droite pour n'aimer, ne vouloir et ne faire que le bien. Ceux qui ont cette conscience là n'ont besoin ni de lois ni de contrainte, car « elle vaut mieux que le code, mieux que l'instruction, mieux que le Catéchisme. »

Certes, il est incontestable que la science, en éclairant, en élevant la raison de l'homme, lui fait mieux discerner et plus fermement pratiquer la vertu.

On ne saurait, non plus, sérieusement nier que la foi religieuse est un puissant moyen de moralisation. A ceux qui diraient que « c'est une morale factice puisqu'elle ne repose que sur des dogmes sans preuves », je répondrais que, quand cela serait, cette morale, même factice, n'en serait pas moins précieuse. Croque-mitaine, pour être imaginaire, n'en assagit pas moins les enfants. Il y a tant d'hommes condamnés à rester de grands enfants, plus accessibles à la crainte qu'à la raison, que les religions, ne fussent-elles que les croquemi-taines de ces hommes-là, devraient être tenues pour de puissants agents de moralisation.

Mais ce qui est moins encore discutable, c'est que l'instinctif amour du bien est le grand principe de la morale humaine.

« La raison est toujours mesquine auprès du

sentiment », au dire de Balzac ; et, de fait, le mobile de nos actes est beaucoup plus souvent dans le sentiment que dans la réflexion.

Je pense, avec Cormenin, qu'« il suffit d'une âme simple et honnête pour pratiquer la morale» et avec Saint-Évremont qu'« il n'y a pas de tribunal plus sévère que celui d'une bonne conscience.»

« Conscience ! Conscience ! Instinct divin, « immortelle et céleste voix, guide assuré d'un « être ignorant mais intelligent, juge infaillible « du bien et du mal, qui rends l'homme sem- « blable à Dieu, c'est toi qui fais l'excellence « de sa nature et la moralité de ses actions. »

A nul autre mieux qu'à Edouard Chaix, ces belles paroles de J.-J. Rousseau ne se peuvent appliquer. C'est la voix de la conscience qui a été le guide de cet être ignorant mais intelligent ; c'est l'instinct du bien qui a fait l'excellence de sa nature et la moralité de ses actions.

Mais, pour «faire son chemin» ici bas, il ne suffit malheureusement pas d'avoir une belle conscience et l'instinctif amour du bien. Très certainement, «l'homme ne vit pas seulement de pain»; mais encore lui faut-il du pain et, conséquemment, avoir ou chercher les moyens de s'en procurer.

Dans la lutte pour la vie, souvent nos appétits s'accordent mal avec nos devoirs et ceux-là, d'ordinaire, parlent plus impérieusement que ceux-ci.

La Comtesse de Blessington raconte qu'une pieuse personne ayant demandé à un malheureux qui, affamé, avait volé, si sa conscience ne lui avait pas crié de s'arrêter, il lui fut répondu : « Si elle l'a fait, les cris de mon estomac étaient si forts qu'ils m'ont empêché d'entendre ceux de ma conscience. »

Faire taire « les cris de l'estomac ». — les exigences sensuelles, les convoitises, les passions — pour n'écouter que la voix de la conscience : préférer les privations aux déchéances morales est le propre — et est le fait des natures d'élite. Les caractères inférieurs cherchent toujours et aisément trouvent le moyen d'ajuster la morale à leurs intérêts.

On sait déjà à quelle catégorie appartient Edouard Chaix. Mais puisque, en somme, « toute la morale réside dans le sage usage de la liberté, » cherchons l'usage qu'il a fait de la liberté qui lui fut, si jeune, octroyée.

A 13 ans, on est encore un enfant ; ni le corps ni la raison ne sont formés ; on a besoin et de soins et de conseils.

Si la loi n'autorise l'émancipation de l'orphelin qu'à 18 ans ; si elle lui donne, jusque-là, un tuteur, — qui est à la fois un protecteur et un maître, — c'est que, avant cet âge, il n'est pas plus apte à régler ses actions qu'à subvenir à ses besoins physiques.

A la mort de leur Père, Edouard et Calixte Chaix avaient, pour tuteurs naturels, leurs aînés. Plusieurs d'entre eux habitaient Marseille et eussent pu les recueillir, les aider, les guider. Ils en firent l'offre, qui fut repoussée.

A la vérité, ils étaient dans une situation précaire et avaient de lourdes charges de famille. Les deux jeunes frères se dirent que, chez n'importe lequel, ils seraient gênants et, par suite, gênés ; que si, depuis plus de trois ans, ils s'étaient tirés d'affaire, maintenant qu'ils étaient plus âgés, plus forts, plus expérimentés, ils le feraient mieux encore.

Au fond, déjà habitués à l'indépendance, ils ne pouvaient se faire à la pensée d'y renoncer.

La plupart des enfants redoutent l'autorité comme une contrainte à la sagesse. Tout autre était le sentiment auquel Edouard Chaix et son frère obéissaient. Ce qu'ils redoutaient, c'est que, avec le désir et sous le prétexte de leur préparer une plus douce existence, une position sociale à la fois plus lucrative et moins pénible, leurs aînés ne fissent obstacle à leur projet bien arrêté de s'embarquer comme mousses, afin de se suffire à eux-mêmes, sans délai, par le travail et de n'être à charge à personne.

En attendant, ils continuèrent leur « entreprise » de nettoyage des canots et, comme elle leur apportait tout juste de quoi manger et se vêtir, voici comment, ne voulant point « coucher à la belle étoile » ni passer pour des rôdeurs nocturnes, ils s'assurèrent un gîte.

L'entrepreneur de transports dont leur Père avait été l'employé, dans les derniers temps de sa vie, leur avait, à la suite du sauvetage des deux fillettes, maintes fois montré un affectueux intérêt. Ils furent le voir et, lui ayant dit leur situation, ils le prièrent de les laisser coucher dans un coin de sa remise. Comme il était de ceux qui pensent qu'il vaut mieux aider par le travail, qui honore, que par l'aumône, qui dégrade, il leur confia la surveillance de ses écuries.

Voulant s'acquitter consciencieusement de leur mandat, ils décidèrent de se relever de deux en deux heures ; pendant que l'un dormait l'autre veillait.

La précaution ne fut point inutile, car, certaine nuit, un des meilleurs chevaux ayant été frappé d'apoplexie, Edouard, qui était de garde, courut en hâte quérir le vétérinaire et la bête fut sauvée.

Le patron en montra de la reconnaissance et songea à procurer à ces braves enfants quelqu'emploi lucratif dans un des chantiers qu'il fréquentait. Mais, à l'offre qu'il leur en fit, ils lui dirent leur résolution de naviguer et le prièrent de plutôt les aider à trouver un embarquement.

Il s'y employa, et eux cherchèrent aussi, chacun de son côté.

Depuis quelque temps, Calixte remarquait que son frère était enclin à une assez étrange manie. En allant de par les rues, il s'arrêtait devant les enseignes, devant les affiches, les examinait attentivement et restait longtemps là comme plongé dans une profonde méditation.

Que faisait-il ainsi ? Il tâchait d'apprendre à lire.

Honteux de son ignorance, il ne la voulait pas avouer et il avait la prétention de s'instruire sans maître. Comme il ne connaissait aucunement l'alphabet, la besogne était ardue. Il réussit. Et, vraiment, la méthode qu'il a employée vaut que je m'y arrête ; elle révèle un esprit doué d'autant de volonté que de perspicacité.

Quand les pêcheurs et les matelots du port, aussi illettrés que lui pour la plupart, se faisaient lire les affiches maritimes ou administratives, il écoutait attentivement, tout en essayant de reconnaître sur l'imprimé les mots prononcés. Il réfléchit, d'abord, sur ceci que le commencement d'un grand nombre de mots se prononçait — et, conséquemment devait s'écrire de même façon; tels que: *Marseille*, *Martigues*, *marchand*: *filin*, *figue*, *fiche*; *cordage*, *cordonnier*, *corne*, *corroyeur*, etc., etc. Il examina bien alors les « signes », c'est-à-dire les caractères d'imprimerie employés pour rendre ces « bouts de mots » ; (*syllabes* était un terme inconnu de lui). Quand il avait ces signes bien gravés dans l'esprit, il les dessinait sur un calepin et il arriva ainsi à en réunir une quarantaine. Mais il s'aperçut vite que la même lettre avait deux formes différentes, que la première lettre de : « *M*arseille » était autrement faite que celle de « *m*arseillais »; il eut ainsi, par majuscules et minuscules, toutes les lettres, sans en connaître ni le nom, ni l'ordre alphabétique, mais se rendant assez bien compte de leur rôle et de leur emploi. Peu à peu, il saisit le mécanisme par lequel, en en réunissant plusieurs, on arrivait à représenter des « portions de mots », et comment.

en reliant ensemble plusieurs de celles-ci, on pouvait rendre le mot entier. Au fur-et-à-mesure que lettres, syllabes et mots s'imprimaient dans son cerveau, il recherchait, dans tous les imprimés qui lui tombaient sous les yeux, ceux de ces mots, celles de ces syllabes, de ces lettres qu'il était sûr de bien connaître. Et c'est ainsi que, dans ses courses, il s'arrêtait devant tout ce qui lui offrait une leçon de lecture. Il ne lui fallut pas moins de trois ans de cet exercice pour bien lire l'imprimé.

Voulant ensuite écrire, il trouva tout simple de reproduire pour cela, d'une façon aussi régulière que possible. la forme typographique des lettres; ce n'était guère pratique et, ici, ses résultats furent moins satisfaisants.

Quant à l'écriture proprement dite, Edouard Chaix n'en a jamais eu aucune notion ; la plus belle calligraphie est pour lui « lettre morte » et tout au plus sait-il signer. Bien des fois il en a pâti ; aujourd'hui encore, il sent de dûre façon combien cette ignorance lui est préjudiciable. A ceux qui s'étonneraient que, après avoir mis tant de ténacité à apprendre à lire, il ait négligé d'apprendre à écrire, il peut à bon droit répondre que les nécessités de la vie ne lui en ont pas laissé le loisir.

En effet. en mai 1854. à peine six mois après

le décès de son Père, et alors qu'il se livrait au travail intellectuel que nous venons de suivre, il s'embarqua comme mousse sur un brick espagnol, le *Mogadore*, en même temps que son frère Calixte prenait rang, à semblable titre, dans l'équipage d'un voilier autrichien.

Ils avaient un peu moins de treize ans.

Grande était leur joie de se pouvoir dire et de dire qu'ils avaient « une situation sociale », qu'ils allaient naviguer, faire de grands voyages, voir de beaux pays ! Pourtant, en approchant du jour de la séparation, une grande tristesse étreignit leurs cœurs. Vivre l'un sans l'autre, loin l'un de l'autre, sans moyens de savoir ce que l'un et l'autre ils faisaient, sans pouvoir correspondre puisqu'ils ne savaient point écrire, et dans la continuelle incertitude de la durée de leur séparation ! Ces pensées leur furent navrantes comme la mort. Mais, au lieu de se laisser aller aux attendrissements, aux larmoiements corrosifs du courage, ils firent un pacte qui raffermit leurs énergies en adoucissant leurs peines.

La veille du départ du *Mogadore*, ils se rendirent au cimetière. Ayant vainement cherché les tombes de leur Mère et de leur Père, ils s'agenouillèrent au milieu des innombrables croix au hasard plantées sur le vaste « carré » où pêle-mêle reposaient les dépouilles des pauvres gens. Ils prièrent, sans savoir d'oraisons ; et, en laissant tomber l'eau bénite de leurs larmes, ils se promirent de rester unis par le cœur, de se donner chaque jour un instant de souvenir, de s'envoyer tous les soirs, à travers les espaces, le baiser fraternel ! Et ils convinrent que, à chaque voyage qu'ils feraient, le premier qui rentrerait au port attendrait l'autre avant de repartir.

. . . .

Qui n'a point fait de voyages sur mer ne peut, même sur les plus empoignantes descriptions, avoir l'impression de la réalité.

Lorsque, porté par une nef toujours fragile sur la plaine liquide, immense et déserte, entre l'abîme et le ciel, l'homme réfléchit ou seulement regarde, les sensations qu'il reçoit, les sentiments qu'il éprouve sont si intenses qu'ils le subjuguent. Saisi, à la fois, et d'effroi et d'admiration, apeuré en même temps que hardi, il a également conscience de sa faiblesse et de sa force, car, s'il ne peut s'abuser sur les périls qu'il court, il sent que, pour les affronter, il lui faut de la fermeté d'âme.

Que la mer brille calme sous le ciel pur, ou que l'ouragan soulève ses flots vers les nues sombres, elle est toujours une grande inspiratrice de pensées. Douce, elle porte à la joie, à la confiance, à la bonté ; agitée, elle rend grave, prudent, courageux et opiniâtre.

Les *terriens* se figurent généralement les marins comme des êtres dénués de cœur, d'une habituelle brutalité, incapables d'un sentiment généreux, inaccessibles à la bonté. Quand on parle des « loups de mer », on leur attribue presque la sauvagerie, la cruauté des « loups de terre. »

Aussi, comme on plaint les malheureux mousses ! Tout le monde s'émeut en pensant à la dure existence de ces pauvres enfants livrés sans défense aux injures, aux bousculades, aux coups d'une bande de matelots abrutis ! Tant de romanciers vulgaires ont, pour apitoyer et émotionner les âmes tendres, fait de ces apprentis marins des martyrs que, dans le peuple, on en est arrivé à tenir pour barbare la loi qui permet d'embarquer des enfants de moins de quinze ans.

C'est plus qu'une idiote légende ; c'est une calomnie.

Sans doute, parmi les matelots, il y a de mauvaises natures : — sur les navires comme sur terre il se commet des crimes et parfois les victimes sont de petits mousses. Mais, si ces atrocités — que les tribunaux punissent sévèrement, — suscitent tant d'émotion, c'est précisément parce qu'elles sont de rares exceptions.

Si je ne tenais à ne point m'écarter de mon sujet, j'aurais plaisir à prouver qu'il y a moins de crimes contre les faibles parmi les marins que parmi les « terriens ». L'homme fort est instinctivement bon ; et le matelot, sous une rudesse de paroles et de gestes, cache, généralement, une bonté qui va jusqu'à la tendresse, jusqu'à la sensibilité.

Sa besogne le rend dur à la fatigue, dur au mal ; il est dur aussi à tous ceux qui, dans le travail commun, laissent à leurs voisins la plus lourde part ; mais ceci est justice et non méchanceté.

Si la continuelle menace du danger rend le marin froidement courageux, en même temps, comme elle lui fait sentir la nécessité de l'aide et du concours de tous ses compagnons, il a le sentiment de la solidarité et, de la sorte, entre les hommes d'un équipage, la fraternité règne et le dévouement est réciproque.

Pour les aînés, le mousse est un benjamin avec lequel on s'amuse et on plaisante, pour lequel tous ont de la déférence, des attentions, de l'affection. On crie après lui ; on le commande d'un ton bourru ; et — pour parler la langue du bord — on « l'engueule », on le tarabuste et on le blague ; mais au fond, il est l'enfant gâté de la famille.

Je ne fais ici que traduire les impressions qu'Edouard Chaix a gardées de son premier embarquement.

Il se trouvait, pourtant, observons-le, dans de défavorables conditions. Presque tous les hommes de l'équipage du *Mogadore* étaient espagnols et ne parlaient que la langue de leur pays. Le mousse, ne connaissant pas un mot de cette langue, ne .comprenait rien de ce qu'on lui commandait ou comprenait de travers. Le capitaine, homme un peu vif et d'apparence arrogante, intimidait le malheureux « Douardo » qui finissait par ne plus savoir où donner de la tête. Les matelots, compatissants, le réconfortèrent ; ils lui apprirent les noms espagnols des choses usuelles et quelques « principes » de cuisine. En quelques jours, il devint un *moço* modèle et le capitaine lui-même s'amadoua en voyant son intelligence, son activité, sa douceur, sa probité et sa..... propreté.

On fit escale et l'on séjourna à Barcelone, à Gibraltar, à Ténériffe, aux Iles Canaries, etc., etc.

Partout Chaix descendit à terre, se promena et s'instruisit.

Montaigne dit quelque part que « ce qu'il y a de merveilleusement propre à l'éducation, c'est la visite des pays étrangers pour frotter et limer notre cervelle contre celle d'autrui. »

C'est surtout contre les cervelles de l'équipage de son brick qu'Edouard Chaix, pendant les six mois de ce premier voyage, frotta et lima la sienne. Et, à cet exercice, son caractère se forma, s'affermit, se *virilisa*.

L'activité de la vie du bord, d'autre part, fortifiait son tempérament; sa taille se dénouait, ses membres se développaient; et, sur son visage un peu féminin, le hâle mettait un vernis d'énergie.

A son retour à Marseille, frères et amis avaient peine à le reconnaître.

Son premier soin, aussitôt débarqué, fut de s'enquérir de son frère Calixte; le consignataire du navire sur lequel il était parti lui apprit qu'on l'attendait dans la quinzaine.

C'était plus de temps qu'il ne lui en fallait pour la mise à exécution d'un projet qu'il caressait depuis longtemps.

Il avait des économies; cent vingt francs ! Presque intégralement le gain de son voyage. Cela lui paraissait un trésor inépuisable !

D'abord, il chercha une chambre, une cham-

bre non garnie. qu'on l'entende bien. Il en
trouva une sous les toits de la maison portant
le numéro 10 de la rue des Grands-Carmes :
le loyer en était de 40 francs par an ; il en
paya d'avance un semestre. L'approprier, laver,
astiquer et, d'un badigeon de chaux, l'assainir
et égayer, fut pour lui l'affaire de deux jours.

Cela fait, il s'occupa de l'acquisition d'un
mobilier : un lit pliant, avec une bonne pail-
lasse fleurant les moëlleuses fanes de maïs,
deux chaises, une table, *lou loumé* en cuivre
reluisant, quatre assiettes, deux « couverts » et
une tasse. Il eut le tout pour vingt-neuf francs
six sous ! Avec deux draps, une couverture et
deux torchons, il se trouva largement monté
en linge..

Quand tout fut en place et le lit fait, il s'assit,
et, fier, ému, heureux comme tout, il admira.

Et il avait raison. Les sentiments qui l'ani-
maient ne sont pas de ceux dont on puisse
rire comme d'enfantillages ; pour qui sait les
entendre, ils sont tout à l'éloge d'Edouard
Chaix.

Avoir « un chez soi » ! Pouvoir se dire :
« ça, c'est moi » est, pour certaines natures,
un des plus grands bonheurs de la vie ! Aris-
tote avait raison : « on ne saurait dire tout ce
qu'a de délicieux l'idée de propriété » ! J'aime

ce qui m'appartient, ce que j'ai acquis par mon travail, parceque c'est le fruit de mes efforts, la preuve de ma force, l'attestation de mes mérites, et aussi l'affirmation de ma liberté, la sauvegarde de ma dignité, la garantie de mon bien-être !

L'amour de la propriété est un sentiment naturel et le plus puissant agent des destinées de l'humanité comme de l'individu ; il est le meilleur stimulant de l'énergie de l'homme ; c'est lui qui lui fait aimer le travail et poursuivre le progrès ; lui qui rend le travailleur économe et sobre ; lui qui met l'ordre et la prospérité dans la famille : lui qui, en imposant à l'homme le respect des biens et des droits d'autrui pour qu'autrui respecte les siens, le fait honnête plus encore qu'il ne le fait heureux.

Très évidemment, Chaix n'avait de ceci qu'un sentiment vague quand, après avoir meublé sommairement son humble mansarde. il se laissait aller à une admiration émue. Il jouissait surtout à la pensée que, sous peu de jours, son cher Calixte et lui seraient, en ce réduit, réunis ; que là, sans craindre les oreilles indiscrètes et les regards importuns, ils pourraient s'aimer, se confier l'un à l'autre, évoquer le passé, adoucir le présent, régler l'avenir.

Il l'attendit un peu plus de temps qu'il n'avait cru ; leur réunion n'en fut que plus tendre.

Dès que le navire fut amarré, Edouard sauta à bord et trouva son frère en train de laver la vaisselle. Ils se jetèrent dans les bras l'un de l'autre, tous les deux très émus ; Edouard surtout qui pleurait à chaudes larmes.

— Pourquoi tu pleures, fit Calixte ? Faut pas pleurer ; les *ostrogoths* se moqueraient de nous !

Les « ostrogoths », on le devine, c'étaient les Austro-Allemands de l'équipage ; il apparaissait bien qu'il ne les aimait guère, d'où l'on pouvait induire que l'existence, parmi eux, ne lui avait pas été douce.

L'observation de son frère n'avait point frappé Edouard qui continuait à pleurer de joie.

Peut-être étonnerais-je plus d'un de mes lecteurs quand, après avoir constaté qu'il était et qu'il est resté d'une grande sensibilité, je l'en louerai. Pour bien des gens, la sensibilité est une faiblesse et l'homme qui pleure prête à rire.

Ah ! si ces esprits forts savaient tout ce qu'il y a de doux dans les larmes et de quelle déli-

cate jouissance leur « fermeté » les prive ! « Il
n'y a pas, a dit une femme, de sensibilité sans
douleurs, mais il n'y a pas non plus de plaisirs sans la sensibilité. »

Mais, si elle est le thermomètre de la
bonté, n'est-elle pas aussi la source des vrais
courages ? Qu'y a-t-il de plus sensible que la
femme et, en même temps, de plus admirablement dévoué, de plus instinctivement héroïque ? Être sensible, facilement impressionna-
ble, c'est être accessible aux généreux sentiments et, par suite, aux généreuses initiatives.
Rousseau a raison : « la vertu n'appartient
qu'à un être sensible par sa nature et fort par
sa volonté. »

Lorsque, le soir, il pénétra dans la mansarde
que son frère appelait « notre appartement »,
Calixte, à son tour, se laissa aller à l'attendrissement, aux larmes.

— Ah ! qu'il était bon de se retrouver, de
s'épancher, de se dégonfler le cœur ! Dure
avait été la séparation et pénible l'absence,
rien n'ayant fait diversion à la tristesse de ce
premier voyage. La mer, au début surtout, lui
avait été inclémente ; les parages dans lesquels il avait navigué étaient tristes, dangereux et féconds en tempêtes ; l'équipage se
composait d'Allemands lourds et brusques, de

triestins fourbes et vindicatifs; et, bien qu'aucun ne l'eût frappé, tous avaient été avec lui exigeants et durs. Il était bien résolu à chercher un autre embarquement.

Pour d'autres raisons, Edouard avait déjà « lâché » le *Mogadore* ; maintenant qu'il avait vu l'Espagne, il voulait « visiter l'Italie ».

Mais tous deux furent d'avis que rien ne pressait ; ils avaient de quoi vivre pour quelque temps. Calixte aussi avait en poche un pécule assez gentil: plus de cent francs ! On pouvait bien passer à Marseille cinq ou six semaines ensemble.

Ce fut convenu.

Le lendemain, après avoir acheté quelques ustensiles de cuisine, ils se confectionnèrent un substantiel diner et, en prenant leur café, ils chantèrent, se racontèrent des farces de bord et rirent aux éclats, porte et fenêtre ouvertes. Une brave femme, leur voisine, eut la curiosité de voir les joyeux compères qui apportaient la gaieté sur son palier d'ordinaire silencieux.

La connaissance fut vite faite et, en une demi-heure, elle connut leur histoire et eux surent la sienne. Veuve d'un marin, péri en mer, elle recevait de l'Etat un petit secours bien insuffisant pour vivre ; mais elle faisait des ménages et un vieux prêtre, qui l'avait connue en meilleure situation, lui venait en aide. Et elle leur fit l'éloge du digne homme, leur offrant de le leur faire connaitre quand il viendrait.

Ce fut trois ou quatre jours plus tard.

Il mit tout de suite à l'aise les deux frères et se fit raconter leur vie. Ce ne fut pas sans rougir qu'ils lui avouèrent n'avoir pas fait leur première communion.

— Je vous la ferai faire, mes amis, leur dit-il. Et, pour vous y préparer, je viendrai causer avec vous, quelques instants chaque après-midi.

Ce n'était pas seulement un digne homme, c'était un homme de beaucoup de bon sens.

Il n'eut garde de faire à ces enfants sans instruction un cours de théologie ; il se contenta de leur inculquer les principes d'une foi droite, d'une morale pratique.

Sa façon de faire le catéchisme dut être bien saisissante car, après trente-cinq ans, Edouard Chaix en conserve encore un souvenir très précis et c'est d'après ce qu'il m'en a dit qu'ici je trouve quelque plaisir à résumer ces leçons.

« Pour régler mes occupations de chaque « jour, disait-il à propos de Dieu, j'ai une « montre : elle marche tout à fait bien, à la

« condition. toutefois, que je la remonte tous
« les soirs. Celui qui l'a fabriquée était sûre-
« ment un bon horloger..

« Mais, vous savez bien que l'univers est bien
« plus compliqué qu'une montre ; et bien
« mieux agencé aussi, puisque, depuis des
« mille et mille ans, il marche sans qu'on le
« remonte. Il faut donc que celui qui a fabriqué
« cette machine là soit bien intelligent, bien
« habile et bien puissant. C'est lui que nous
« appelons Dieu. »

Leur parlant des mystères, sans d'ailleurs y
insister, il continuait sa comparaison, disant :

» Dire ce qu'est Dieu, comment il a opéré,
« nous ne pouvons pas prétendre le savoir,
« Celui qui n'a jamais fait de montre serait bien
« embarrassé pour en expliquer le mécanisme
« et celui qui a fait le monde en connaît seul
« le secret; c'est, pour tout autre, des mystères.
« Mais ces mystères là, il n'est pas inutile de
« les considérer; car il nous font voir combien
« Dieu est puissant et, conséquemment, com-
« bien, dépendant de lui, nous devons l'admi-
« rer, le respecter et remplir les devoirs qu'il
« nous a imposés. »

Et, en cette question des devoirs, sur laquelle
il entendait insister plus particulièrement, par

quelle ingénieuse explication il la faisait
saisir !

« Pour que ma montre marche bien, il faut
« que chacun de ses rouages remplisse ponc-
« tuellement sa fonction. De même, pour que,
« dans le monde, tout marche bien, il faut que
« chacun des êtres qui le composent remplisse
« le rôle qui lui a été assigné. C'est le devoir
« du soleil d'éclairer, d'échauffer et de féconder
« la terre; comme c'est le devoir de la terre de
« nourrir les êtres qu'elle porte. C'est le devoir
« de l'arbre de donner des fruits ; comme c'est
« le devoir de l'abeille de faire le miel. On
« comprend bien que l'homme, — le plus par-
« fait des êtres créés et celui auquel est attribué
« le rôle le plus important — ait de plus grands
« devoirs que tous les autres. Ces devoirs, le
« Catéchisme a principalement pour but de
« nous les indiquer et de nous apprendre à les
« remplir. »

En énumérant et en expliquant soit les
devoirs de l'homme, soit les différentes façons
dont il peut y manquer, ce prêtre au cœur pur
évitait avec le plus grand soin la moindre
allusion de nature à donner à des enfants
l'idée de *péchés* qu'ils ignoraient ou à faire
naître en leurs esprits la curiosité de connaître
des choses qu'ils n'avaient nul besoin de

savoir, telles par exemple que les trop réalistes prescriptions des VIme et IXme articles du Décalogue.

Il insistait, au contraire, sur nos devoirs envers nos semblables, sur l'indulgence, la bienveillance, la charité, le dévouement ; et il stigmatisait, avec un communicatif dégoût, l'égoïsme et les vices qu'il engendre : l'envie, la gourmandise, la paresse, l'orgueil, l'avarice et la haine.

Il fut.... succint en expliquant les sacrements et, comme prières, il ne leur apprit — en français pour qu'ils pussent comprendre — que « Notre Père.... » — « Je crois en Dieu.... » et « Je vous salue, Marie.... »

Et, au bout de six semaines, il leur fit faire leur première communion, ne voulant pas qu'ils reprissent la mer sans avoir accompli cet acte de foi ; certain, d'ailleurs, qu'ils y apportaient une piété et une pûreté d'àme qui suppléaient à leur insuffisante instruction religieuse.

Naturellement, pour la cérémonie, ils tinrent à se proprement nipper ; or, leurs fonds étaient bas, très bas et ils se dirent qu'il était grand temps de reembarquer.

Edouard eut la bonne fortune d'être assez vite enrolé dans l'équipage de *La Provence*, un vapeur de la Compagnie Fraissinet qui, desservant la ligne de Gênes, Livourne, Civita-Vecchia et Naples, rentrait régulièrement tous les quinze jours à Marseille.

On était à la fin de Novembre et il ne devait s'embarquer que le 2 janvier. Ce délai n'était pas sans le gêner, lui faisant plus d'un mois à vivre à terre avec très peu d'argent en poche. Ah! bah! on restreindrait la dépense! Il était autrement inquiet de ce que Calixte, moins favorisé que lui, ne trouvait point d'enrôlement ; aussi se mit-il à en chercher un avec lui. Tous deux déambulaient, dans ce but, du matin au soir sur les quais.

C'est ainsi que, dans l'après-midi du 6 Décembre 1854, se trouvant au port, ils eurent l'occasion de conjurer un épouvantable désastre.

Le feu venait de prendre dans une des soutes à charbon du paquebot *Le Caire* qui, amarré à quelques brasses du quai, était entouré de nombreux navires serrés les uns contre les autres. La panique fut grande parmi les équipages, qui savaient que *Le Caire*, en partance pour la Crimée, avait à bord des poudres destinées à nos troupes. En pareil cas, chacun songe à se sauver et, sur chaque navire, on s'occupait de lever l'ancre, de couper les amarres pour s'éloigner. Le trouble de tous était tel que personne ne songea que le plus simple, le plus sage et le plus urgent était d'étouffer l'incendie dans son foyer. Les uns discutaient sur les mesures qu'il convenait de prendre ; les autres couraient chercher les pompiers ; tout le monde s'agitait, se démenait, pérorait ; personne n'agissait.

Ce que voyant, les deux jeunes frères Chaix sautèrent à bord du *Caire* et, avec un admirable sang-froid, tirèrent leur plan. Il n'y avait qu'une chose à faire : descendre dans la soute avec le jet de pompe du bord, trouver le foyer et le noyer.

Sans la moindre hésitation, Edouard se fit attacher par la ceinture avec un bout de filin et, après avoir seulement dit à son frère de le remonter au premier signal, il se laissa choir dans la soute en feu, par « le trou d'homme ».

Mais plusieurs minutes s'étaient écoulées sans que vint aucun signal ; Calixte, ayant appelé sans recevoir de réponse, se hâta de remonter son frère. Ce fut un corps inerte et affreusement défiguré qui sortit de la soute, les vêtements roussis, les cheveux grillés, la joue, le cou et l'épaule du côté gauche profondément brûlés ! Il paraissait mort ! Fort heureusement, pour avancée qu'elle fût, l'asphyxie n'était pas complète et, grâce aux soins dévoués du pharmacien chez lequel on le transporta, il reprit ses sens au bout de trois quarts d'heure.

Pendant ce temps, les pompiers, — qui n'étaient point organisés en corps comme maintenant — étaient arrivés et n'avaient eu qu'à constater que le feu était éteint.

Dès qu'il avait été au fond de la soute, Edouard Chaix avait dirigé le jet de pompe sur la partie en feu et, quand il s'était senti défaillir, étouffé par la fumée, il avait eu l'héroïsme de porter le jet jusqu'au centre du foyer, espérant ainsi l'éteindre. Et c'est dans ce suprême et sublime effort que, trahi par ses forces, il était tombé dans le brasier.

Je me garderai bien de chercher, par des commentaires, à faire valoir l'admirable courage que, dans cette occasion, Edouard Chaix a montré. Ce serait l'amoindrir en le voulant rehausser.

Point n'est besoin, non plus, d'insister sur l'importance du service par lui rendu, ce jour-là, soit aux propriétaires du paquebot *Le Caire*, menacé d'une destruction complète, soit à l'État, évidemment responsable de l'immense désastre qu'eût déterminé l'explosion des poudres dont il était chargé, soit aux armateurs des nombreux navires mis en grand péril par un pareil incendie, soit au port et à la ville même de Marseille !

Je veux seulement faire une constatation : aucun des obligés de notre jeune et valeureux sauveteur ne songea à lui prouver ou simplement à lui exprimer la moindre reconnaissance ! Pas un de ces armateurs. pas un des fonctionnaires de l'Etat. pas un des édiles de la cité ne vint le féliciter. le secourir, ou seulement prendre de ses nouvelles !

Ah ! qu'il a dit une vérité grande autant que triste le poëte Viennet en ces deux vers :

Qu'en un danger public un homme se dévoue,

On paiera sa vertu par un lâche abandon.

Tout le monde n'abandonna pas le brave garçon. Son frère le veilla tendrement ; leur vieille voisine lui prodigua des soins aussi dévoués qu'intelligents; et leur ami, «M. l'abbé», les secourut de la plus délicate façon.

Il était loin d'être guéri quand vint le jour où il devait prendre son service sur *La Provence*; ses brulûres profondes — dont il porte toujours la trace, comme une attestation de sa vaillance — étaient incomplètement cicatrisées et lui causaient de vives souffrances. Mais, c'est en vain que l'on eût tenté de le retenir jusqu'à son entier rétablissement. Non ! Non !

Un aussi bel enrôlement ne se trouve pas tous les jours et pour rien au monde il n'y eût renoncé.

Au jour dit, il monta à bord avec son coffre et, crânement, gaiement, comme s'il eût été tout à fait gaillard, il se mit à la besogne.

Tout l'équipage connaissait sa belle conduite et lui montrait de l'amitié. Le commandant, le rencontrant sur le pont. lui avait donné des éloges.

Tout, d'ailleurs, concourait à le rendre heureux. Rien que le nom du vapeur l'enchantait. *La Provence!* Ça résonnait à son oreille comme une musique ! Et le navire lui-même, comme il le trouvait beau, et grand. et propre ! Et puis, maintenant, il n'était plus un sale marmiton ! Il avait un pimpant uniforme ; il était bien nourri et bien couché ! Ah ! qu'il allait passer de bonnes années comme ça ! Il y avait bien de fréquents coups de vent dans les parages de la Corse ; parfois aussi, en approchant de Marseille. ça bourlinguait fort ; mais, bah ! fallait bien se faire au métier !

Dans les commencements, c'était pour lui une grande joie de revoir. tous les quinze jours, et sa mansarde et la vieille voisine. Mais celle-ci était souvent absente ; et la chambre. quand il s'y trouvait seul, lui semblait pas gaie, pas belle et bien étroite. L'idée lui vint d'en chercher une autre et il en loua une au n° 22 de la rue du Panier. Naturellement, il fallut augmenter le mobilier et, à chaque retour, il l'embellissait. D'autre part, à terre, il rencontrait d'anciens camarades et avec eux faisait quelques dépenses. Il y avait dix mois et plus qu'il était sur *La Provence* et il n'avait pas trouvé le moyen de faire beaucoup d'économies : parfois, il réfléchissait à cela et en avait du remords.

Il s'en trouva bien plus marri lorsque, en rentrant vers la mi-novembre, il trouva Calixte, qui revenait des pays chauds, avec une fièvre maligne.

Le malade, comprenant la gravité de son état, voulait entrer à l'hôpital ; Edouard s'y opposa obstinément. Son frère à l'hôpital ! Jamais de la vie ! L'abandonner à des gens qui ne lui étaient rien ! Non ! mille fois non !

Et, le soir même, il débarqua de sa chère *Provence*, pour s'installer au chevet de Calixte.

Il lui parut bientôt que l'état de celui-ci empirait et il pensa à faire venir un médecin. Il consulta, à cet effet, son ancienne voisine de la rue des Grands-Carmes, qu'ils voyaient toujours. Elle l'en dissuada. « Ces gens-là, ça se fait payer gros et le plus souvent. c'est des charlatans », dit-elle.

Aujourd'hui, comme on a, à bon compte, des médecins. grâce surtout à l'organisation et au développement des Sociétés de secours mutuels, la classe ouvrière fait grand cas de leurs mérites et de leurs services. Mais, il y a encore quarante ans, on avait d'eux assez mauvaise opinion. Quand on en avait appelé un, si le malade mourait. c'était lui qui l'avait tué ; s'il trainait, c'est que le médecin entretenait la maladie afin de multiplier ses lucratives visites ; si la guérison venait, jamais ce n'était à lui qu'on l'attribuait.

Telle était l'idée de la vieille amie des frères Chaix et elle la leur fit partager.

Mais elle connaissait, dans le quartier, une brave femme qui valait bien mieux que n'importe quel médecin et qui ne demandait rien.... que ce qu'on voulait bien lui donner.

Parmi les « guérisseurs ». parmi les « rebouteurs », il y a beaucoup d'exploiteurs de la crédulité publique ; mais il s'en rencontre quelques-uns aussi chez lesquels l'expérience remplace l'étude, l'empirisme la science et qui rendent de réels services aux pauvres gens. Peut-être — je me permets de le dire en passant — est-il regrettable que la loi ne fasse entre ceux-ci et ceux-là aucune distinction.

La bonne femme qui fut amenée auprès de Calixte Chaix avait des prétentions.... doctrinales. Elle exposa qu'il n'y avait que deux causes à toutes les maladies : l'irritation, que l'on ne pouvait détruire que par des raffraichissants, des adoucissants : et l'affaiblissement, qui réclamait des fortifiants. des excitants.

« Toutes les fièvres, ajouta-t-elle, viennent « d'une irritation et amènent de l'affaiblisse- « ment. Ce garçon là a une fièvre ; laquelle ? « le nom n'y fait rien. Il a l'irritation dans le « ventre, donc il faut, tout d'abord, le raffrai- « chir par là. » Et elle conseilla de lui faire boire une tisane faite avec des graines de ricin. «d'herbe aux puces» et un peu de pavot.

Tous les deux jours, elle revint, toujours pérorant au début et toujours conseillant des tisanes faites de simples.

Edouard devint un habile infirmier, un garde malade excellent, alliant à un dévouement constant, une impertubable patience et une endurance surprenante.

Après avoir, trois semaines durant, fait des infusions, des cataplasmes. il lui fallut faire des « bouillons d'os et de pattes de mouton ». Il y excellait.

Il veillait toutes les nuits, ne dormant un

peu que sur une chaise, dans l'après-midi,
pendant que, très bonne et très dévouée aussi,
leur amie de la rue des Grands Carmes
veillait le malade. Ce fut-il ces soins assidus,
les remèdes de la guérisseuse ou la force du
tempérament ? Le tout réuni sans doute. Le
fait est que, au bout de cinq semaines, Calixte
était en convalescence.

Je chercherais en vain à traduire la gratitude
dont il était animé à l'égard de son frère.

Silencieux, les yeux embrouillés de larmes,
il le regardait aller, venir, faire le ménage et,
lui tendant sa main pâle et amaigrie, il l'appelait, il l'embrassait, en répétant ces deux
mots où tout son cœur passait : « Merci, ami ! »
Et, plus tard, quand la force lui fut tout-à-fait
revenue, il le pressait dans ses bras, disant :
« Sans toi, je serais mort ! Je te dois la vie,
mon bon frère ».

Et le sensible Edouard s'attendrissait et
pleurait de joie !

Oh ! la douce fraternité ! Oh ! les bonnes
heures ! Oh ! les épanchements tendres et
reconfortants !

Pourquoi si vite les nécessités de la vie les
vinrent-elles interrompre ?

III

*En neuf ans 9 actions d'éclat
et 27 personnes sauvées.*

La maladie de Calixte avait mis les deux frères dans une entière pénurie; aussi firent-ils, en grande diligence, des démarches pour trouver à s'embarquer.

A défaut de mieux, Edouard accepta le poste de *soutier* à bord du vapeur l'*Égyptien*, de la compagnie Fraissinet.

Le « soutier » doit prendre le charbon dans la soute et le porter à la chaufferie, ce qui, on s'en rend aisément compte, constitue une besogne singulièrement pénible et fatigante. Edouard Chaix n'avait accepté cette situation que comme pis aller; elle décida de son avenir. En effet, pendant les six mois qu'il passa sur l'*Égyptien*, — lequel desservait la ligne de Syrie, — il s'intéressa vivement à la machine et mit une véritable passion à se rendre compte du fonctionnement de ses divers rouages. Il admirait la connaissance parfaite qu'en avaient les deux mécaniciens du bord et l'aisance avec laquelle ils la faisaient manœuvrer. Et il les interrogeait si intelligemment, il saisissait si bien leurs explications, qu'ils prirent plaisir à l'initier aux complexes détails dont dépend la marche régulière d'une machine.

Mais, en tant que soutier, il ne pouvait que rarement — et toujours hâtivement — provoquer et écouter ces cours de mécanique pratique. Aussi résolut-il de chercher un poste de *chauffeur*, qui lui permettrait de suivre, constament et de plus près, la conduite des appareils à vapeur.

Ce fut pour lui une joie grande d'être enrolé, vers le 20 août 1856. sur le paquebot *Marie-Stuart*, comme aide-chauffeur.

Quelques jours avant d'embarquer, le 28 août, il alla déjeuner chez des amis qu'il avait à St-Antoine. et revint, à pied, par le chemin des Eygalades.

Au débouché d'une traverse, il entendit des appels au secours. C'était un vieux prêtre qui venait d'être assailli par deux bandits. L'un d'eux tenait à la main un couteau ouvert, prêt à frapper le vieillard sans défense ; l'autre le fouillait pour le voler. Ces détrousseurs savaient évidemment que le prêtre venait de porter le viatique à un malade et voulaient lui enlever le ciboire. Ils étaient si actionnés qu'ils ne s'aperçurent pas de l'entrée en scène d'Edouard Chaix. Il n'avait pour arme qu'un rotin ; s'élançant sur celui qui menaçait le prêtre de lui couper la gorge s'il ne se taisait, il lui en administra un coup si violent à travers la figure que le misérable en fut étourdi et chancela en laissant tomber son couteau. Prestement, Chaix s'en empara et, se plaçant entre les assassins et leur victime, dit ces seuls mots : « Approchez, maintenant ! » Ils s'en gardèrent bien et s'empressèrent, au contraire, de déguerpir.

Tout tremblant, le bon vieillard serra les mains de son libérateur et le remercia en ces termes : « Vous m'avez sauvé la vie ; mais, « c'est moins de cela que je vous suis « reconnaissant que du sacrilège que vous « avez empêché ; car ce qu'ils voulaient me « voler et ce qu'ils n'eussent eu qu'après « m'avoir tué, c'est le vase d'argent qui, caché « sur ma poitrine, renferme des hosties consa- « crées. Ce que vous venez de faire vous « vaudra sûrement la bénédiction de Dieu. »

Chaix, ému par ces bonnes paroles, pleurait. En voyant tant de sensibilité unie à tant de courage, le prêtre comprit qu'il avait en face de lui une âme d'élite. Il lui ouvrit les bras, le pressa sur son cœur avec une tendresse paternelle et, lui indiquant sa demeure, le pria d'y venir quelquefois.

Chaix promît ; et souvent, dans les mois qui suivirent, il eut la pensée de tenir sa promesse. Toujours, il fut retenu par la crainte de paraître aller chercher des marques de reconnaissance, alors qu'il les redoutait.

Sa grande modestie est d'autant plus à louer qu'elle est plus rare.

Pendant les dix-huit mois qu'il passa sur le paquebot *Marie-Stuart*, il ne trouva qu'une seule occasion de sauvetage.

Ce fut le 5 mars 1857, en rade de Gibraltar.

Le vent soufflait en rafales et la mer était grosse. Un canot chavira à cent mètres du rivage. Les deux hommes qui le montaient, mauvais nageurs, disparurent pendant que Chaix qui, de son bord s'était jeté à l'eau, se portait à leur secours. Le sauvetage devenait ainsi des plus difficiles. Il fallait, au milieu des vagues courtes et profondes, plonger et chercher les noyés, tenter de les faire s'accrocher l'un à l'autre sans se laisser accrocher par eux, ou en sacrifier un pour sauver l'autre. Deux fois, le sauveteur revint à la surface sans avoir réussi. Il se produisait des courants qui avaient, évidemment, entraîné les corps, peut-être loin. Sans perdre ni sang-froid, ni courage, Chaix plongea une troisième fois et fut assez heureux pour retrouver les deux hommes. Ainsi qu'il l'avait espéré — le cas étant fréquent lorsque plusieurs personnes se noient ensemble — l'un tenait l'autre par les pieds. De la main gauche, le bras tendu, il leur donna, par derrière, une vigoureuse poussée de bas en haut. Une fois à la surface, il en saisit un vigoureusement par le dos de sa vareuse et, nageant du bras droit, se dirigea vers le rivage. Il lui fallut, pour y arriver, une incroyable énergie, car il était à bout de forces.

Il fut accueilli par les hurrahs de marins anglais qui avaient suivi les émouvantes péripéties de cet admirable sauvetage. Ils lui donnèrent des vêtements, le reconfortèrent et le reconduisirent à son bord où une touchante ovation lui fut faite par ses camarades, à bon droit fiers du beau courage dont un des leurs venait de faire preuve en présence de l'étranger. Le commandant à son tour le félicita et voulut que la chose fut consignée au journal du navire.

La façon dont il s'acquittait de ses fonctions de chauffeur lui valait, d'ailleurs, la considération et la confiance de ses chefs et, dans tout le personnel de la Compagnie, on le tenait pour un serviteur de tout point recommandable.

Aussi, lorsqu'il demanda à reembarquer sur *La Provence,* qu'il regrettait toujours d'avoir quittée, sa demande fût vite et bien accueillie.

Il y était depuis plus de six mois lorsque, le 8 octobre 1859, dans le port de Gênes, il accomplit un nouveau sauvetage. A quelque distance de la *La Provence*, un steamer italien embarquait des militaires pour Naples. Ils étaient chargés de tout leur fourniment, ce qui les rendait lourds, et ils devaient avo'r, pour la plupart, passablement tiinqué au moment du départ, ce qui les rendait peu prudents. L'un deux, en sautant du canot qui l'avait amené sur l'échelle du navire, manqua son élan et, s'accrochant à la capote de celui qui le précédait. lui fit perdre l'équilibre. Tous deux tombèrent à l'eau et, vu le poids de leurs sacs, coulèrent immédiatement. Chaix, qui suivait l'embarquement, se jeta immédiatement à la mer, plongea, chercha et en remena un qui fût recueilli par une barque; il replongea, rechercha et fut assez heureux pour sauver aussi le second.

Cela fut fait avec tant de décision, d'adresse, de promptitude et, pour tout dire, de courageux dévouement, que des applaudissements unanimes et prolongés partirent du navire italien. Les officiers, les soldats et les marins poussaient des bravos frénétiques, criant avec leur *furia* nationale : « *Viva i francese* » ! Mais, Chaix, tout en riant de l'extraordinaire enthousiasme des italiens, était allé se sécher dans sa chaufferie !

Là, il se sentait chez lui, il était heureux, ne se lassant pas d'admirer *sa* machine et de l'étudier. Il en était arrivé à la si bien connaître que les mécaniciens se reposaient sur lui du soin de la conduire quand la chaleur la leur faisait pour un instant abandonner.

Devenir mécanicien ! Avoir à diriger lui-même une machine ! C'était son rêve, sa suprême ambition ! Mais il savait bien que jamais il n'y arriverait sur un grand vapeur. Et chaque fois qu'il revenait à Marseille, il cherchait à s'embarquer, comme sous-mécanicien, sur quelque remorqueur ou steamer étranger.

Vers la fin de 1860, un agent de la Compagnie du Canal de Suez lui offrit la direction de la machine d'un petit bateau chargé de faire, pour le service des approvisionnements, les courts voyages de Port-Saïd à Alexandrie. Il accepta avec enthousiasme.

Pour se rendre, sans bourse délier, en Egypte, il se fit accepter comme suppléant chauffeur sur un navire anglais qui devait s'y rendre en touchant à Alger et à Malte.

Le 22 janvier 1861, dans la traversée de ce dernier port à Alexandrie, Edouard Chaix accomplit un sauvetage qu'il a toujours tenu pour « le plus joli » de tous ceux qu'il compte.

La mer était houleuse et le navire, d'ailleurs assez peu stable, roulait. Parmi les passagers, se trouvait un ingénieur autrichien avec sa femme, âgée d'une trentaine d'années. Celle-ci, vers 4 heures de l'après-midi, monta sur le pont et s'assit sur le babord, tournant le dos à la mer. Malgré le conseil d'un des officiers et les observations de son mari, elle persistait à à rester dans cette position peu sûre, lorsque, un violent coup de roulis lui faisant perdre l'équilibre, elle lâcha les hauts-bancs auxquels elle se retenait et tomba à la mer. Avant qu'on eût pu lui jeter une bouée de sauvetage, le navire, — qui filait alors 14 nœuds, — se trouvait déjà à plus de cinquante mètres d'elle.

A ce moment, Edouard Chaix, en grande transpiration, remontait de sa chaufferie pour prendre un peu l'air sur le pont. Il se jeta tout aussitôt à l'eau.

Evidemment la pauvre femme ne savait aucunement nager ; grâce à ses jupes gonflées d'air, elle se tenait à la surface, mais le sauveteur, en s'approchant d'elle, constatait qu'elle coulait rapidement. Il l'atteignit au moment où, évanouie, elle allait disparaître. Faisant la planche, il lui passa ses jambes sous les bras et, par de légères secousses l'attirant vers lui, il réussit à la saisir par les cheveux, à se glisser sous elle jusqu'à ce que la tête reposât sur sa poitrine. Cela fait, il chercha où se trouvait la bouée, l'aperçut à une dizaine de mètres et, après des efforts inouis, put l'atteindre et s'y cramponner, toujours tenant dans la même position le corps inerte de la jeune femme. Il y avait trente-cinq minutes qu'il était à l'eau quand le canot envoyé de bord les recueillit.

Comme elle n'avait point coulé et que, dès lors, il n'y avait pas asphyxie, la sauvée revint assez promptement de sa syncope, causée surtout par la peur.

Le sauveteur fut grandement heureux du succès de sa téméraire tentative. Ce fut à peu près toute sa récompense ; car c'est à peine si l'ingénieur autrichien le remercia et si sa femme daigna, pendant le reste de la traversée, accorder au brave garçon quelques froids sourires. Lui n'en fut ni étonné ni contristé; très sincèrement, il préférait cela à des manifestations de reconnaissance; et quand il disait: « je n'ai fait que mon devoir », c'était la franche expression de ses sentiments.

Le petit bateau à vapeur de la Compagnie du canal de Suez dont il devint le mécanicien-chauffeur, avait pour capitaine un breton, maître au cabotage, n'aimant que trois choses au monde: la mer, l'eau-de-vie et la chique. Bourru mais brave homme au fond, il avait pour timonier un hâvrais sur lequel il savait pouvoir compter et, quand il vit qu'il pouvait également s'en remettre à Chaix de la conduite de la machine, il fut content à la pensée qu'il allait pouvoir, sans être inquiet du service, se donner de temps à autre de « légères cuites. »

Et, de fait, tout marchait à la satisfaction de chacun et des chefs.

On faisait presque chaque semaine un voyage à Alexandrie. Pendant que le bateau restait en chargement, Chaix descendait à terre et se distrayait en compagnie de quelques français dont il avait fait, en peu de temps, la connaissance. Son grand plaisir était de faire avec eux des promenades à dos d'âne.

Le 6 mai 1862, comme ils se trouvaient ainsi

sur les bords du canal Mahmoudieh, leur cara-
vane effraya un jeune cheval que montait un
arabe. Dans l'écart qu'elle fit, la bête tomba
à l'eau avec son cavalier; celui-ci, sachant
moins bien nager que sa monture, se laissa
emporter par le courant, pendant qu'elle s'en
tirait lestement.

Chaix saute dans le canal, rejoint et saisit
l'arabe déjà à moitié asphyxié, le hisse sur la
berge et lui prodigue des soins pour le ranimer.

Les camarades, en le voyant « frotter *l'arbico* » (1) se mirent à rire et à le plaisanter, ce
qui le révolta.

— F....ichez-moi la paix et allez vous promener, fit-il, sur un ton qui ne permettait pas
de répliques.

Ils s'éloignèrent et il continua à « frotter
l'arbico » jusqu'à ce qu'il revint à lui. Il courut
ensuite à la recherche du cheval, le trouva,
le ramena, aida son maître à l'enfourcher et ne
les quitta qu'à l'entrée de la ville.

Quand il rejoignit ses amis, il ne put s'empêcher de blâmer sévèrement leur conduite.

— C'est pas humain d'agir comme ça, répé-
tait-il !

— Eh donc ! un arbico c'est pas un chrétien !

---

(1) *Arbico*, en argot de marin, signifie *Arabe*.

— C'est un homme ! Et ce qui n'est pas chrétien c'est de laisser sans secours un homme quelqu'il soit !

Belles paroles et nobles sentiments, en vérité !

Le philosophe V. Cousin a dit; « L'humanité dans les actes, c'est la bienfaisance ; dans les sentiments, c'est la bienveillance ».

C'est bien ainsi que Chaix a toujours entendu et toujours pratiqué l'humanité. Bienveillant et bienfaisant pour tous, il est *humain* dans la plus large acception de ce mot aujourd'hui si peu ou si mal compris. En *pastichant* un vieux quatrain, on peut dire de lui :

Il n'est, certainement, ni savant, ni subtil :
L'esprit borné, mais droit, peut-être ignore-t-il,
Le mot d'humanité dont l'abus nous impose :
Il se passe du terme et possède la chose.

On parle, en effet, beaucoup d'humanité, en cette fin de siècle, beaucoup d'*altruisme*, de solidarité, de fraternité ; mais, en réalité, l'égoïsme, le « chacun pour soi » est la loi générale.

Jamais, peut-être, il ne fut autant qu'à l'heure présente nécessaire et opportun de prêcher le dévouement. Et cette prédication pourrait-elle être plus éloquemment, plus fructueusement faite que par les exemples d'une vie comme celle de l'homme dont ici je m'occupe.

Fénelon pensait que « sans humanité, il n'y a ni vertu. ni vrai courage. ni gloire solide ». Plus nous avancerons dans l'histoire de notre grand sauveteur, plus nous nous convaincrons que sa vertu, son courage et sa « solide gloire » procèdent du naturel et profond sentiment d'humanité qui le caractérise.

Point n'est. vraiment, besoin de chercher à ses belles actions des commentaires visant à les rehausser : elles sont. par elles-mêmes, si admirables qu'il suffit de les fidèlement narrer. D'ailleurs. la rapidité avec laquelle elles se succèdent en anime suffisamment le récit. sans que l'imagination du narrateur y mette du sien. Tout au plus ai-je à noter quelques détails secondaires qui les relient dans leur ordre chronologique.

Quelques semaines après ce que lui-même appelait « le sauvetage de l'arbico ». Chaix prenait un congé de quelques semaines et venait, naturellement. le passer à Marseille (1).

---

(1) Peu de temps auparavant. le tirage au sort avait eu lieu pour la classe à laquelle appartenaient Edouard et Calixte Chaix. A l'appel du premier. on avait tiré pour lui le numéro 212 ; à l'appel du second, ce fut le numéro 112 qui sortit. Encore une curieuse coïncidence.

Il y arriva le 4 Juillet et, deux jours plus tard, il sauva d'une mort certaine deux imprudents gamins qui, au quai de Rive-Neuve, étaient descendus sur une de ces poutres dites « de défense », (destinées à amortir les chocs des navires amarrés près du quai contre les pierres de celui-ci), et trouvaient grand amusement à les faire tourner sous leurs pieds. Dans l'ardeur du jeu, ils avaient perdu l'équilibre et étaient tombés à l'eau au milieu de bateaux et de canots sous lesquels ils n'avaient pas tardé à disparaître. En moins de cinq minutes, Edouard Chaix plongea à deux reprises et, à chacune d'elles, ramena un des enfants.

Il avait toujours sa chambre de la rue du Panier et, en y rentrant, il comprit vite, à l'ordre qui y régnait, que Calixte avait dû y séjourner depuis peu de temps. Il y venait, en effet, tous les quinze jours depuis quatre mois, étant embarqué sur *La Provence*, dont si souvent lui avait parlé Edouard.

Quand ce dernier l'apprit, il sollicita la faveur de s'y embarquer aussi comme chauffeur, ce que facilement il obtint.

On sait assez l'étroite affection que se portaient les deux frères pour comprendre tout le bonheur qu'ils eurent en se trouvant réunis.

Leur serviabilité réciproque, l'aide qu'en

tout ils se prêtaient, la similitude de leurs caractères, leur égal courage les avaient fait appeler. par tout le monde à bord. «Castor et Pollux». Comme ils ignoraient la mythologie et l'histoire des deux frères jumeaux fils de Léda, ils s'offensèrent. tout d'abord, de ces surnoms: mais ils en furent ensuite flattés et heureux quand le premier mécanicien leur eut raconté la vie. les hauts faits, l'inséparabilité et la célébrité des deux argonautes. dont les Grecs firent les dieux de la navigation.

Le parallèle, après tout, n'avait rien de forcé et peut-être pourrait-on trouver les légendaires aventures des conquérants de la Toison d'Or moins admirables que la très véridique aventure dont les frères Chaix furent les héros, le 15 août 1869, dans la baie de Naples.

La Provence était encrée à deux cents brasses de Sta-Lucia. Bien qu'il ne fût guère plus de neuf heures et demie du matin, la chaleur était déjà grande et les frères Chaix, nonchalamment étendus dans le filet de beaupré, se livraient, comme de vrais lazzaronis, aux douceurs du far-niente. lorsque leurs regards furent attirés vers une barque qui venait de quitter le rivage. Elle était tellement chargée que, à chaque coup de godille, l'eau entrait par les lisses.

— S'ils ne coulent pas, observa Calixte, c'est qu'il y a un Dieu pour les imprudents.

Il n'avait pas achevé que la barque chavirait à environ cinquante brasses de la plage.

Plus prompts que la pensée, obéissant au même sentiment, les deux Chaix sautèrent à la mer et, tout en nageant vitement vers le lieu du sinistre, se concertèrent sur les moyens de réussir dans leur entreprise.

La première chose à faire était de mettre à flot la barque chavirée, afin d'y pouvoir déposer quelques uns des naufragés ; mais plusieurs de ceux-ci s'y étaient cramponnés et refusaient obstinément de s'en séparer. Pour leur faire lâcher prise, les deux Sauvetaurs durent user de ruse et même de violence. A califourchon sur la quille, ils imprimèrent à l'embarcation de si violentes oscillations que les mains les plus tenaces durent céder. La retourner, la vider et y hisser un vieillard, trois femmes et deux jeunes garçons fut pour eux l'affaire de quelques minutes.

D'une bouée-coffre flottant à peu de distance, on appelait au secours ; ils se dirigèrent de ce côté. Un homme d'un âge déjà avancé, ayant le bras gauche passé dans l'organeau de la bouée, soulevait de l'autre une grappe humaine. Les cinq désespérés qui la formaient ne voulaient point, eux non plus, se séparer de leur soutien et lui, qui sentait ses forces l'abandonner, les suppliait en vain de se fier aux sauveteurs. Voyant l'inutilité des efforts de ceux-ci, il dégagea son bras et lâcha la bouée. Le groupe tout entier coula.

« Ah ! maintenant, dit Edouard à son frère, ça va être plus facile ! »

Tous deux plongèrent et bientôt revinrent à la surface traînant après eux à grand'peine les six corps maintenant inertes. Il leur eût, vraisemblablement, été impossible de les amener jusqu'au rivage ; un canot s'approchait qui les recueillit.

Le sauvetage n'était pas achevé.

Plusieurs des naufragés, qui, sachant un peu nager, avaient espéré pouvoir regagner les quais, coulaient épuisés à quelques mètres les uns des autres. Fort heureusement, le trajet à faire pour les conduire à terre n'était que d'une dizaine de brasses et, en trois fois, les frères Chaix en ramenèrent cinq.

La foule accourue acclamait frénétiquement les deux braves français : mais eux, aussi désireux de se soustraire aux ovations que de rentrer à leur bord pour se reconforter et reposer, cherchaient un bâtelier qui les y conduisît, lorsque, rauque et déchirant, ce cri près d'eux fut jeté : Mia figlia ! Mia cara figlia !

Et, du doigt, la femme qui avait dit ces mots montrait une loque rouge qui, au milieu des flots bleus, semblait une flaque de sang.

Les deux frères se regardèrent et se comprirent. Ils ne pouvaient pas laisser leur sauvetage inachevé !

Ils se rejetèrent à l'eau et, en s'encourageant l'un l'autre, se dirigèrent vers le jupon rouge qui leur marquait le but. Ils allaient l'atteindre quand une vague le submergea. Il leur fallut deux fois plonger pour retrouver et saisir le corps inerte de la *cara figlia*. Combien le fardeau leur était lourd ! C'est qu'ils n'en pouvaient plus ; leurs bras et leurs jambes, engourdis, refusaient le mouvement ; leurs oreilles tintaient ; leur vue s'obscurcissait ; ils défaillaient. Et, quand ils arrivèrent à terre, ils n'avaient plus guère conscience de ce qu'ils faisaient, de ce qu'ils devenaient.

Dès qu'ils reprirent leurs sens, ils s'informèrent de ce qu'il était advenu de la fille au jupon rouge.

Elle était sauvée et ranimée, ainsi que les dix-sept autres naufragés !

Le capitaine de *La Provence* avait envoyé un canot qui, ayant ramené à terre les six malheureux réfugiés dans la barque que les sauveteurs avaient eu l'heureuse idée de remettre, tout d'abord, à flot, — attendait les frères Chaix pour les reconduire à bord. Ils se hâtèrent d'y monter, afin de se soustraire aux manifestations par trop chaudes ,de la foule, aux bénédictions des hommes et aux embrassements des femmes.

On leur fit l'honneur de la coupée ; quand ils furent montés sur le pont, le commandant s'avança vers eux, leur serra la main et leur dit : « Je vous félicite. mes amis. vous avez « bien fait votre devoir ». L'équipage applaudit et..... et ce fut tout.

Peut-être trouvera-t-on que ce « tout » est bien peu. C'est que l'on ne se rend pas suffisamment compte de la différence des sentiments qu'un même acte peut inspirer aux marins et aux « terriens ».

Pour le vrai marin, être brave est plus encore une nécessité qu'un devoir d'état : montrer un ferme courage est chose naturelle, conséquemment ordinaire. De là vient que certaines actions, qui nous paraissent héroïques, qui nous émeuvent et nous enthousiasment, le laissent plus calme et plus froid. Quand un des membres d'un équipage accomplit un acte comme celui, par exemple, dont

je viens de rendre compte, les autres sont
bien loin d'y demeurer indifférents et insensi-
bles. Ils ne sont pas dans l'admiration, mais
ils sont dans la joie. Chacun est heureux et
fier de ce qu'un camarade a fait de bon et de
beau ; mais chacun aussi croirait l'offenser en
le louant, parce que cela semblerait laisser
entendre que son courage surprend et que,
auparavant, on lui en prêtait moins. La solidarité qui règne entre eux, tout en excluant les
rivalités et les jalousies, les rend encore
inaccessibles aux flatteries et gênés par les
éloges même les mieux mérités.

On le sait déjà : Edouard Chaix est un
modeste et je le contrarierais sûrement si je
laissais ici s'épancher toute l'admiration que
fait naître en moi ce dernier sauvetage. Ce
serait, du reste, superflu ; car, pour insuffisant
qu'il soit, le récit qu'on vient d'en lire fera
suffisamment deviner et partager mes sentiments.

Je serai plus à l'aise pour lui adresser un
blâme au sujet d'une décision qu'il prit quelques mois plus tard.

« L'homme n'est pas parfait » et Chaix est
homme.

Le défaut que je dois lui reprocher n'a fait
de mal qu'à lui et je veux dire tout de suite

qu'il s'en est corrigé du jour où, s'étant mis en ménage, il sentit que d'autres en auraient à souffrir. Jusqu'alors, il fut un peu comme le petit appareil qui, placé au plus haut de la mâture, indique les variations du vent : instable et changeant.

Après avoir quitté *La Provence*, il avait été très heureux d'y revenir ; maintenant, il regrettait la Compagnie du Canal de Suez et souhaitait d'y pouvoir retrouver un emploi.

Aux observations que lui firent, pour l'en dissuader d'aucuns de ses camarades, il trouva plus d'une raison plausible à opposer.

D'abord, c'était monotone de faire toujours le même trajet, de visiter toujours les mêmes ports. Sans doute, sur *La Provence* on avait la vie douce, mais aussi on n'y gagnait pas gros. D'autre part, si c'était bien agréable de revoir tous les quinze jours Marseille, on y faisait des petites noces qui entrainaient à de la dépense et, quant à faire des économies, bernique ! Et, dame, l'âge venait où il faudrait songer à faire une fin. Mais on ne se marie pas sans le sou. Donc, c'était sage d'aller là où on gagnait davantage d'argent et où on en dépensait moins.

L'agent, à Marseille, de la Compagnie du Canal de Suez, qui se souvenait d'Edouard

Chaix et le savait honnête autant que brave, lui offrit le poste de gardien du dépôt de la Compagnie à Port-Saïd.

Ce dépôt consistait en un vaste hangar plein de matériel, d'instruments, de marchandises de toute sorte, et surtout de vivres et de boissons; toutes choses bien faites pour exciter la convoitise des nombreux aventuriers, — arabes, maltais et italiens, — que les travaux du Canal attiraient à Port-Saïd.

Pour gardien d'un dépôt de cette nature, on ne pouvait pas choisir mieux qu'Edouard Chaix.

Sans tarder, il débarqua de *La Provence* et partit pour l'Egypte.

Une fois installé, il fut un peu épouvanté de la responsabilité de ses fonctions.

La prudence étant mère de la sureté, il s'adjoignit un chien mouton, fidèle et intelligent, qu'il dressa vite. Il l'habitua à veiller, silencieux mais attentif, pendant que lui reposait dans un hamac suspendu au milieu du hangar.

Il y avait trois mois qu'il était installé sans qu'il se fût produit rien d'extraordinaire et il commençait à se départir de la méfiance et de la vigilance du début, lorsque, certaine nuit, il fut réveillé par son chien qui, sans du tout aboyer. tirait vigoureusement sur sa couverture. Au fond du hangar, un voleur, muni d'un fanal, était en train de soutirer du vin à une bordelaise et d'en remplir deux outres. Se voyant découvert, il s'enfuit par la porte du hangar. qu'il avait dû forcer pour entrer car elle était grande ouverte. Chaix, qui avait tiré sur lui deux coups de revolver sans l'atteindre, referma la porte et se recoucha. Au bout d'un instant, il lui sembla entendre des bruits insolites et, allumant vivement son fanal. il se dirigea, le revolver au poing, vers l'endroit d'où ils lui paraissaient venir. Tout à coup, deux individus que, d'après leur physionomie, il jugea être des Maltais, se dressèrent devant lui. Il les vise, tire à trois reprises et, leur ouvrant la porte, les envoie se faire pendre ailleurs.

Ceci se passait dans le mois de Mai 1864. Cinq mois plus tard. vers onze heures du soir. Edouard Chaix fut réveillé en sursaut par un sourd aboiement de son chien. Se dressant dans son hamac. il aperçut un Arabe serrant le cou de la pauvre bête, pendant que deux levantins chargeaient de salaisons quatre grandes mannes.

L'un de ceux-ci, en voyant Chaix s'avancer vers eux. cria : « Nous sommes pincés » !

— Attends-donc, fit l'autre, je vais lui faire son affaire.

D'un premier coup de revolver il blesse Chaix à l'épaule gauche et, d'un second, lui fracasse la machoire.

Malgré la douleur, Chaix riposte et met en .fuite les trois bandits, dont deux sûrement étaient blessés !

Son premier soin fut de chercher son chien. Il le découvrit, aux trois quarts mort, dans une des mannes abandonnées par les voleurs; et, sans s'occuper de sa propre blessure, il soigna et ranima son fidèle compagnon. Quant à lui, ce ne fut que le lendemain qu'il alla se faire panser par le médecin de la Compagnie.

Il était grièvement blessé. La première balle n'avait fait à l'épaule qu'une plaie sans importance ; mais la seconde, ayant pénétré par le côté gauche du maxillaire inférieur, qu'elle avait brisé, était ressortie par le côté droit de la bouche, en laissant sur son passage de très graves lésions.

Il entra à l'hôpital de Port-Saïd et, lorsque, après six semaines, il en sortit, il fut avisé que la Compagnie du Canal, voulant le récompenser, lui confiait la direction de la machine d'un bateau dragueur. Ce poste, agréable et bien rétribué, était beaucoup plus en rapport avec ses aptitudes et ses goûts. Aussi, très heureux de sa nouvelle situation, se promit-il d'y demeurer longtemps.

Il en devait être autrement.

Le 5 avril 1865, — deux mois après son installation, — il fut encore victime de son dévouement.

Vers 9 heures du matin, trois Grecs, faisant partie de l'équipage du bateau-dragueur, se prirent de querelle et en vinrent aux coups ; en se bousculant, ils tombèrent tous les trois à l'eau.

Ils couraient un double danger : leurs lourdes bottes les mettant dans l'impossibilité de nager, leur perte était certaine ; d'autre part, les requins étant très nombreux en ces parages, ils couraient grand risque d'être happés par ces voraces toujours rôdant autour des navires.

Edouard Chaix, prévenu, tout aussitôt plongea et en ramena un. Replongeant immédiatement, il en saisit un second ; mais, en le hissant à bord, il eut la jambe droite prise entre le bateau et une chaîne d'ancre ; le passage d'un remorqueur ayant produit un remous subit, cette chaîne se tendit si violemment qu'elle lui fractura la cuisse et le tibia. Il fallut le remonter à son tour. Il ne voulait point qu'on s'occupât de lui et répétait que le plus pressé était de sauver le troisième dragueur. On ne put le retrouver; les requins sans doute l'avaient saisi.

Et, pendant qu'on le portait à l'hôpital, Ed. Chaix se lamentait de ce que l'accident lui fût arrivé avant d'avoir achevé son sauvetage !

Bien que la double fracture eût été promptement et habilement réduite, et malgré les soins assidus des bonnes sœurs, le pauvre garçon fut cloué sur le lit pendant deux mois; et il lui fallut presqu'autant de temps pour pouvoir marcher sans béquilles.

Sur son désir, la Compagnie le fit, avant sa complète guérison, transporter à Marseille.

J'ai dit qu'il y avait, dans la destinée des deux frères Chaix, de singulières coïncidences. En voici une qui, établie par d'irrécusables documents, pourra servir de sujet d'étude aux amateurs de phénomènes psychiques.

Le jour même où, à Port-Saïd, Edouard se cassait la jambe en sauvant deux marins grecs, Calixte, dans le port de Lisbonne, se cassait le bras en sauvant deux marins portugais !

Comme il lui était resté, de son accident, une certaine claudication et beaucoup de faiblesse dans la jambe, Edouard Chaix pensa que, au lieu de continuer à naviguer, il ferait mieux de chercher à terre les moyens de vivre.

Il entra aux Docks dans de bonnes conditions et, s'étant vite fait apprécier comme un employé laborieux, sobre, soumis, intelligent, il ne tarda pas à voir s'améliorer sa situation.

Alors, l'idée lui vint de se marier, la vie de garçon n'ayant pour lui aucun charme.

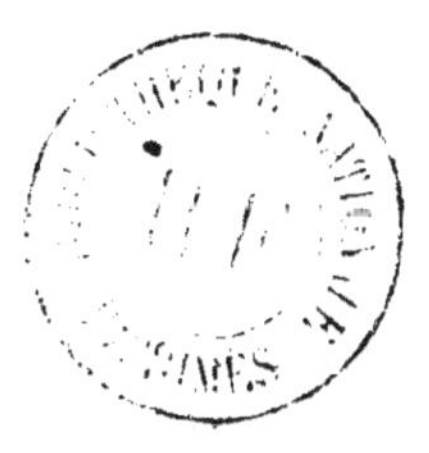

IV

*Le mariage. — Nouveaux sauvetages. —
Premières récompenses.*

De tous les actes de la vie, le plus grand et
le plus grave est, sans contredit, le mariage.

Ce n'est pas seulement le bonheur des con-
joints et l'avenir des enfants qu'ils peuvent
procréer qui dépendent des conditions dans
lesquelles cet acte est accompli ; il intéresse
aussi le progrès social, la grandeur de la nation,
la force de l'Etat ; car c'est dans la famille que
se forment les citoyens.

Jules Simon a écrit, sur cette question du
mariage, de splendides pages dont je veux
reproduire quelques lignes.

« Le sentiment qui rapproche l'homme et
la femme, et que l'on appelle l'amour, n'est
point ce que les psychologues appellent

assez brutalement l'appétit du sexe. Le véritable amour est tout autre chose. C'est un sentiment généreux, qui élève l'âme, la rend capable des plus grandes pensées et la dispose aux nobles actions..... L'âme amoureuse est comme fécondée par le sentiment qui l'anime. Les yeux de qui aime ne voient plus le monde sous le même aspect; son esprit se découvre une vigueur inconnue ; son cœur a des sentiments nouveaux qui débordent en sympathie universelle ; il porte une fête au dedans de lui et la répand au dehors. Il ne veut pas seulement aimer, il veut être aimé. C'est une âme que son âme demande : une âme qui réponde à la sienne, qui la comprenne, qui sympathise avec elle, qui lui rende amour pour amour, confiance pour confiance, dévouement pour dévouement ; qui s'attache à elle avec tant de force et qui souffre avec tant de bonheur son étreinte, que rien ne puisse plus les séparer.

« Cet amour est ce qu'il y a de plus divin sous le ciel. Il faut pourtant reconnaitre, à notre honte, que *l'amour physique fait la plupart des unions que ne fait pas l'argent.*

« C'est un véritable enfantillage, de dire que l'argent n'est rien ; une des sources les plus fréquentes de désunion dans les ménages, c'est le besoin. Mais il devrait être entendu qu'il faut penser en premier lieu à l'honneur, à la probité, à la droiture, à l'élévation des sentiments ; en second lieu à la convenance des caractères, des goûts et des habitudes ; et enfin, puisqu'il le faut, à la situation matérielle. Voilà ce qui serait sensé et honorable ; mais, la plupart du temps, on renverse la proposition. La dot, d'abord ; et pour le reste, on le range un peu sous la rubrique des considérations sentimentales.

« Même dans notre société civilisée et philosophante, le nombre n'est pas grand de ceux qui songent avant tout à se donner pour la vie une amie, une compagne, à se créer un intérieur chaste et paisible, à élever des enfants pour la patrie et pour la vertu ».

J'aurai peut-être à reprendre cette citation ; je l'interromps ici pour rectifier, dans ces dernières observations, ce qui me paraît être une erreur et une injustice.

Que dans certaines classes de notre Société, la passion et l'argent décident des unions, ce n'est que trop vrai. Mais je prétends qu'il en est autrement dans la classe ouvrière.

Les gens du peuple n'ont point à calculer la dot ; où la prendraient-ils ? Ici, ce que l'homme demande à la femme, c'est l'affection, la confiance et l'ordre ; ce que la femme demande à l'homme, c'est le courage au travail, l'amour du foyer, le dévouement familial. Aussi, dans le peuple, les bons ménages sont la grande majorité, en France surtout.

Chaix est du peuple, du bon, du brave, de l'honnête peuple ; et la femme qu'il a choisie en était aussi.

C'est dans la famille d'un de ses amis qu'il la rencontra. Dès la première entrevue, il fut frappé de son air réservé et modeste ; et, après s'être trouvé plusieurs fois en sa société, il se sentit attiré par sa douceur, par son bon sens et surtout par la compassion qu'elle avait pour les malheureux.

Il apprit, par son ami, qu'elle était la fille d'un préposé des Douanes ; que, depuis l'âge de 15 ans, elle était employée à la manufacture des tabacs ; qu'elle avait une sœur depuis peu de temps fiancée ; et maints autres détails qui le persuadèrent que c'était bien la femme qu'il lui fallait.

Il eût cru offenser la jeune fille en lui faisant directement connaître ses sentiments, mais il pria son ami de tâcher de sonder l'opinion qu'elle pouvait avoir de lui.

La réponse fut telle qu'il la désirait et, dès lors, son parti fut pris : il irait voir les parents et leur demanderait la main de leur fille. Il crut que, avant d'avoir leur assentiment, il ne devait parler de la chose à personne. Il n'en dit rien même à son frère, quand celui-ci lui annonça qu'il devait se marier sous peu.

Le dimanche suivant, il fit donc la visite projetée.

Quel ne fut pas son étonnement, en entrant, de trouver là son frère Calixte ! La fiancée de celui-ci était la sœur de celle dont lui-même venait demander la main !

Point n'est besoin de dire qu'il fut tout de suite et cordialement accueilli. Son frère avait souvent parlé de lui, avec toute l'affection qu'il lui portait ; et, plus d'une fois aussi, la jeune fille, avec cette pureté de cœur qui ignore la dissimulation, avait dit à ses parents ce qu'elle pensait du jeune homme qu'elle rencontrait chez leurs amis.

Au physique comme au moral, ils étaient fort bien assortis.

Lui, à la fois svelte et trapu, nerveux et potelé, avait le torse large, mais dégagé ; le teint bronzé, mais frais ; la barbe épaisse, mais les cheveux fins et bouclés ; l'œil énergique mais doux ; le sourire contenu, mais franc ; la voix grave, mais caressante ; en somme, un beau et sympathique garçon.

Au moral, il offre les mêmes contrastes. Il est à la fois fier et tendre, réfléchi et exhubérant, rêveur et expansif, bon et railleur, économe et généreux, affable et réservé, confiant et prudent, travailleur et baguenaudier, tempérant et ami des plaisirs honnêtes. Pour tout dire, un esprit droit et un cœur excellent !

De sa « fiancée », il m'a lui-même donné le portrait que voici : « Elle était brune, souriante, le regard timide, de taille moyenne et bien prise. Quant à son caractère, c'était la douceur, la bonté mêmes. Je lui ai toujours trouvé une grande ressemblance morale avec ma Mère. Elle a sa patience, son dévouement et sa fermeté. »

Les mariages des deux frères et des deux sœurs furent célébrés ensemble, le 12 Octobre 1867.

Etant dit que, en ces pages, j'ai pour unique but de raconter les actes de dévouement d'Edouard Chaix, d'aucuns penseront que je suis à la fin de mon récit. Il semble, en effet, qu'en se mariant, il ait dû donner sa démission de sauveteur !

L'homme marié ne s'appartient plus ; il se doit à sa femme d'abord, à ses enfants ensuite. Garçon, il pouvait disposer de lui, de sa vie comme de ses sentiments, de son temps comme de sa bourse. Marié, c'est une autre règle ; sa vie, ses sentiments, son temps, le fruit de son travail sont devenus des « biens de communauté ».

Chaix le comprenait ainsi quand il raisonnait ; mais, voilà, en présence d'êtres humains en danger, il ne raisonnait plus ; c'était plus fort que lui, irrésistible, instinctif; il lui fallait sauver !

Un dimanche matin, — c'était le 27 Juin 1868, — il était allé, en compagnie d'amis, faire le tour du Pharo. Près d'eux passa une femme d'une trentaine d'années, qui tenait par la main une fillette de 7 à 8 ans, et dont l'intense tristesse les frappa. Ils la suivirent du regard.

Elle s'avança jusqu'à la pointe extrême du cap, s'assit sur un rocher, prit sur ses genoux l'enfant et la couvrit de baisers. Mais, tout en semblant jouer, elle s'entourait la taille d'une bande d'étoffe qu'elle passait ensuite sous les bras de la petite et, par trois fois l'opération renouvelée, elles se trouvaient l'une à l'autre liées. Chaix, craignant de trop bien deviner les intentions de la malheureuse, se dirigeait de son côté lorsque, subitement, se dressant résolue, elle se précipita dans la mer. Il ne s'était pas écoulé deux minutes, que Chaix plongeait à l'endroit où elles avaient disparu , mais, le courant les ayant déjà portées vers l'anse de la Réserve, il eut beaucoup de pe ne à les retrouver et dut, ensuite, trainer péniblement son fardeau à la recherche d'un lieu favorable pour aborder.

Dès que les deux corps inertes furent déposés sur le rivage et détachés l'un de l'autre, il s'occupa de les rappeler à la vie, aidé de ses amis. Un de ceux-ci, duquel je tiens le récit de ce sauvetage, me disait : « Ce qui était « encore plus touchant que l'empressement et « l'habileté qu'il mettait à leur donner des « soins, c'est la précaution qu'il prenait pour « respecter la pudeur de la jeune Mère et de « l'enfant ».

Quand elles eurent repris leurs sens, et pendant que, semblant se faire plus ardent pour les plus vite sécher, le soleil achevait de les ranimer, Chaix envoya ses amis chercher qui un cordial pour la Mère, qui des gâteaux pour l'enfant, qui une voiture quelconque pour les emmener jusque chez lui achever de se remettre.

Une fois seul avec elles, il interrogea la malheureuse femme sur les raisons qui l'avaient amenée à se tuer avec sa si mignonne fillette.

L'histoire n'était pas neuve, ni extraordinaire.

Epouse d'un homme sans conduite : par lui délaissée d'abord, abandonnée bientôt; n'ayant nulle ressource ; cherchant vainement du travail ; voyant son enfant manquer de tout : elle s'était dit qu'il n'y avait que la mort qui les pût toutes les deux arracher aux misères du présent, aux souffrances certaines de l'avenir. Ah ! pourquoi l'avoir sauvée ? Aurait-elle maintenant le courage de recommencer ? Et, alors, alors que faire ?

Ne voulant pas s'attendrir, Chaix l'interrompit. — Que faire ? Mais, reprendre espoir, parbleu ! Elle avait pour homme un sans-cœur, un vaurien, un misérable : mais, heureusement, il y a plus de braves gens en ce monde que de mauvais. Il se trouverait bien quelques personnes qui lui viendraient en aide et lui donneraient du travail ! Et, en attendant,..... eh ! bien,..... en attendant, elle allait venir à la maison et, en déjeunant, Mme Chaix aviserait !

Et celle-ci avisa si bien que, complétant le sauvetage accompli par son mari, elle procura à la pauvre désespérée une position qui la mit à l'abri du besoin et lui permit de bien élever son enfant.

Ce jour-là, Chaix comprit mieux encore

combien sa femme et lui étaient faits pour se comprendre et s'entendre. Bien loin de lui reprocher d'avoir exposé sa vie, elle se sentit fière d'être l'épouse d'un homme aussi brave et aussi bon.

Un an après leur mariage, une petite fille leur naquit.

Le même jour, à cinq minutes d'intervalle, la femme de Calixte mettait aussi au monde une fillette; cette coïncidence encore était à noter.

Le travail qu'Edouard Chaix faisait aux Docks était peu en rapport avec ses aptitudes; et, tout en le conservant et en le faisant avec zèle et ponctualité, il caressait le projet et l'espoir de revenir aux machines.

Vers la fin de 1869, il entra comme contre-maitre mécanicien, dans une usine de glucose, sise cours Gouffé.

Pendant la guerre de 1870, il se mit et se tint à la disposition de l'autorité militaire et, avec beaucoup d'autres enfants de Marseille, il fut surpris et navré qu'on parût dédaigner son concours, douter de son courage et de son patriotisme.

Certain poëte — d'ordinaire mieux inspiré, a fait sur la conduite des marseillais pendant l'année terrible, une sorte d'ode burlesque qui vise à l'esprit, mais n'arrive qu'à la calomnie.

Il a menti quand il a montré les marseillais se livrant à de chaudes manifestations guerrières, mais attendant, pour intervenir, que la France fût à peu près envahie.

La vérité est que les gouvernants improvisés de l'époque doutèrent moins du patriotisme des méridionaux qu'ils ne redoutèrent leur effervescence. Il est bien certain que s'ils eussent été en nombre à Paris, par exemple, pendant le siège, ils se seraient peu aisément laissés berner par « l'homme au plan », et qu'ils l'eussent vite laissé en plan pour courir..... sans plan à l'ennemi.

Le pays avait accordé sa pleine confiance aux organisateurs de la Défense Nationale : eux lui ont trop souvent refusé la leur et la vraie cause de la défaite est peut-être là.

Que d'hommes vaillants, patriotes et braves comme Chaix, ont souffert de l'inaction dans laquelle on les laissa !

Mais ce sont là des souvenirs qu'il n'est pas plus utile qu'agréable d'évoquer. Passons.

N'ayant pu « risquer sa peau » pour le salut de la patrie, Chaix continuait à la risquer pour le salut de ses semblables.

Le 18 juillet 1872, un peu après 9 heures du

soir, comme il passait sur le quai de la Joliette
dans une voiture qu'il conduisait, il entendit
des appels au secours. Interrogeant celui qui
les jetait,— un douanier de garde en face de la
Cathédrale. — il apprit de lui que, pour satis-
faire un besoin, un passant était descendu sur
une des « chattes » (1) nombreuses en cet
endroit, et s'était laissé choir dans l'eau. La
nuit était noire et l'endroit plein de barques
et de madriers immergés. Où l'homme avait-
il coulé ? Personne ne le savait au juste.
Aussi, en tentant le sauvetage. Chaix n'avait
guère d'espoir de le réussir. N'importe ; il
saute à la mer, nage entre deux eaux, fouille
l'abime et. avec d'héroïques efforts, retrouve
et ramène le noyé qui, après trois quarts
d'heure de soins. reprit connaissance.

Ce fut pour ce sauvetage que Chaix reçut
sa « première récompense ». une médaille d'argent de 2ᵐᵉ classe.

Récompense ! Le mot me parait impropre
quand il s'agit de sauvetages.

Une récompense, c'est le prix d'un service
rendu, le dédommagement d'une peine: c'est
une indemnité libérant l'obligé. Et qui oserait
dire qu'une médaille valant trois francs au plus

---

(1) Sorte de ponton, aussi appelé Mahonne, et servant au
dépôt des marchandises à débarquer ou à embarquer.

paie le sauvetage d'une vie humaine ? Les médailles de sauvetage sont autre chose.

Le jour où la Révolution Française, détruisant les castes et les priviléges, a proclamé l'égalité de tous les citoyens, ce jour là la nation est devenue une famille et, entre tous les citoyens, la solidarité est apparue. « La solidarité c'est la fraternité ». Et c'est de cette fraternité nationale que nait le dévouement: le dévouement à la Patrie, le dévouement à chacun de ses enfants.

La grande loi de jadis était : « chacun pour soi.» La grande loi nouvelle est: « Tous pour tous. » Le dévouement devient ainsi pour tout citoyen un devoir sacré.

Mais si, dans une famille, les mérites d'un de ses membres sont un honneur pour tous les autres, les belles actions d'un citoyen sont une gloire pour la nation.

Et qui ne comprend, dès lors, que c'est pour l'État, un devoir, sacré aussi, d'honorer ceux des citoyens qui se distinguent par des actes de courage et de dévouement ?

Et voilà et pourquoi et comment il leur décerne des insignes qui, tout en étant l'attestation officielle et publique de leur valeur, de leurs vertus civiques, les donnent en exemple aux autres citoyens.

On pourrait s'étonner que l'Etat ait tant tardé à décerner à Chaix l'insigne des Sauveteurs. Il avait, en effet, accompli — et avec quelle bravoure, on le sait — douze sauvetages avant de recevoir cette première médaille. Et, vraiment, celui à l'occasion duquel on la lui a remise n'est pas, il s'en faut, le plus admirable de tous.

Il y a à cela plusieurs raisons qu'il ne me parait pas inutile de dire.

La première est que les agents de l'Etat, ceux qui doivent renseigner, édifier les pouvoirs publics sur les actes méritoires des citoyens, font trop généralement preuve d'une fâcheuse indifférence, pour ne pas dire d'une coupable négligence.

Un sauvetage a lieu, l'agent de police ou le garde champêtre fait un rapport au commissaire : le secrétaire de celui-ci en prend connaissance en se demandant « si ça vaut la peine de faire une enquête ». Une enquête, c'est long, c'est ennuyeux : on a bien autre chose de plus important à faire ! Peuh ! il n'y a qu'à « transmettre » ! Et l'on transmet à la mairie ou à l'administration préfectorale, dont les employés, ayant encore bien plus de besogne, se hâtent de « classer l'affaire ».

Et les choses en restent là, à moins que

quelque personnage influent, — dévoué ou électoralement intéressé — n'intervienne.

En 1878, dans un village de la banlieue de Marseille, deux braves citoyens menèrent à bien un sauvetage tel que le Président des Sauveteurs du Midi a pu dire qu'il en connaissait peu d'aussi admirables. Dans son rapport, le garde-champêtre avait appelé sur eux « la bienveillance de l'administration » et elle se manifesta, au bout de deux mois, sous la forme de deux imprimés, que les intéressés furent invités à aller prendre à la Préfecture, et qui portaient, sous la signature d'un subalterne, des « félicitations » pour l'acte accompli par eux.

Le Préfet, mis au courant de ces faits, — qu'il ignorait absolument, — prit l'affaire à cœur et, trois semaines plus tard, le ministre décernait aux deux sauveteurs des médailles d'argent.

Mais, pour une faute réparée, combien demeurent acquises et..... classées.

On ne saurait trop le redire, c'est, pour tous les agents de police, un devoir strict de signaler à l'autorité les belles actions des citoyens, ce devrait être pour eux une joie grande d'avoir l'occasion de le faire. Alors que leurs fonctions les condamnent à se trouver si constamment avec les malfaiteurs et à ne s'occuper guère que de la répression de leurs turpitudes. il me semble que ce doit être pour eux une agréable diversion d'avoir affaire à de braves gens et de pouvoir mettre en lumière leurs vertus.

A leur défaut, c'est un devoir et c'est un droit, pour tous ceux qui sont les témoins d'un sauvetage. d'en faire ou d'en signer la relation et de le porter à la connaissance de ceux qui sont les dispensateurs des titres civiques, ou, pour mieux dire. de la justice sociale. ,

Un mot encore sur cette question.

Les commandants ou capitaines de navires de commerce signalent rarement, aux représentants de l'Etat dans nos ports, les actes méritoires accomplis en cours de route par les hommes de leurs équipages. bien que ces actes soient fréquents. Ils ont tort : ils agiraient autrement si, au lieu de prendre pour « d'insignifiantes récompenses », les médailles que décerne l'Etat, ils y voyaient et habituaient leurs hommes à y voir des insignes honorant celui qui les porte et entraînant les autres à suivre leurs nobles exemples.

Si le commandant de la *Provence* avait, à son retour à Marseille, signalé au commissaire général de la Marine le sauvetage opéré dans la baie de Naples, le 15 août 1863, par les deux frères Chaix. le Ministre eût certainement cru s'honorer lui-même en décernant une médaille de sauvetage à chacun d'eux.

Il s'est trouvé des gens, à l'esprit mal tourné, qui ont reproché à la République de prodiguer ces médailles. Ceux qui se sont occupés d'en faire obtenir savent combien pareil reproche est mal fondé.

Demandez aux présidents des Sociétés de Sauveteurs ce qu'ils en pensent et tous, pour répondre, vous nommeront des braves qui comptent deux, trois, quatre beaux sauvetages et pour lesquels ils réclament en vain la plus humble des médailles.

Il faut louer. au contraire, le gouvernement de la République de les accorder moins parcimonieusement qu'autrefois, puisqu'ainsi il rend justice au mérite et encourage les citoyens au bien.

Je ne crois pas que ces réflexions. pour incidentes qu'elles soient, puissent être prises pour des hors-d'œuvres ; elles m'ont moins éloigné de mon sujet qu'il n'a pu le paraître. Il me fallait bien. en effet, justifier la rapidité avec laquelle les insignes les plus enviables vont maintenant s'accumuler sur la poitrine d'Edouard Chaix, alors que. dans une espace de près de 20 ans, il avait accompli tant d'admirables actions d'éclat sans du tout en recevoir.

Ses sauvetages aussi, d'ailleurs, vont se succéder plus rapidement.

Il en accomplit un, le 20 août 1873, qui lui valut la médaille d'argent de 1re classe.

C'était encore un Dimanche. Il était venu, avec sa femme, passer la journée chez des amis, à la Madrague de la Ville et, vers onze heures, réunis tous sur la terrasse d'un cabanon dominant la mer, ils dégustaient des oursins en jouissant du superbe panorama qui se déroulait devant eux.

A droite, l'Estaque aux coquettes villas et aux verts ombrages, puis les falaises abruptes et sombres dans les anses desquelles, comme en des cavernes, se cachent les bateaux des pêcheurs de Figuerolle, de Vesse, de Niolon, de Méjean. A gauche, la grande et belle cité, toujours animée, toujours fumante d'un labeur incessant; et, en face, les îles Ratonneau, Pomègues, If, qui semblent des géants accroupis dont le flot lave les pieds. En face, la nappe bleue de la paisible baie où de nombreuses barques de plaisance courent comme des mouches sur une glace.

— C'est encore plus beau que Naples ! s'exclamait Chaix.

Sa femme répondit par un cri d'effroi.

A 300 mètres, un homme, qui montait une *périssoire*, venait de tomber à la mer. On voyait que l'imprudent qui s'était aventuré sur ce frêle esquif, trop bien nommé, ne savait point du tout nager, car il coula aussitôt.

Sur le rivage, plus de deux cents personnes, tout de suite accourues, criaient au secours. Mais, du milieu d'elles, pas une ne sortait pour y courir.

A cinq mètres au dessous et à trois mètres en avant de la terrasse où Chaix se trouvait, d'énormes roches, formant brise-lames, étaient amoncelées.

Il saute, au risque de se casser les reins, rebondit sur les blocs, roule, tombe à l'eau, disparaît, et.... et à dix mètres, revient à la surface, nageant robustement vers l'endroit où la périssoire, immobile la quille en l'air, paraissait attendre le retour de son inexpérimenté canotier.

Celui-ci ne l'avait point lâchée quand elle avait chaviré ; s'étant accroché à la banquette, il était suspendu au-dessus comme à un flotteur.

Chaix le saisit et, lui maintenant la tête au-dessus de l'eau, il sauva en même temps et ramena au rivage et l'homme et la barque.

Un médecin qui se trouvait là se chargeant du reste, le sauveteur se hâta de remonter au cabanon et de reprendre sa place à table, en assurant sa femme que le chaud soleil d'août l'aurait vite séché, et en remerciant ses amis d'avoir attendu, pour finir les oursins, qu'il eût « achevé son apéritif ».

Un rapin — on en rencontre dans tous les beaux sites, — le vint féliciter. « Savez-vous bien, dit-il, que, vous aussi, vous êtes un artiste ! ». Le mot était juste. Ce sauvetage avait été vraiment fait avec art, tant son auteur y avait mis de crânerie, d'adresse, d'aisance, on pourrait presque dire de désinvolture !

Il n'en fut point de même de celui qu'il accomplit six mois plus tard, le 27 février 1874.

Dans la soirée de ce jour, Chaix, en compagnie de trois camarades, avait pris un canot et était allé faire, au large, une partie de pêche.

Vers 10 heures, le temps devenant tout à coup mauvais, ils avaient jugé prudent de rentrer au plus vite. Il ne fallait pas songer à regagner le Vieux-Port ; le vent qui soufflait en tempête les poussant vers l'Estaque, ils décidèrent de laisser aller et d'accoster dans l'avant-port nord. Cela fait et leur canot bien amarré, ils rentraient en ville par le quai des Anglais, lorsque, à deux cents mètres du bassin de la gare maritime, ils entendirent des appels au secours.

C'était des gardiens de nuit de service en cet endroit qui les jetaient. Ils racontèrent qu'un homme — un marin probablement qui regagnait son bord — venait de tomber dans le bassin. Ils avaient bien entendu ses cris ; mais, comment lui porter secours, dans la nuit noire, avec une mer démontée et par un froid de loup comme il faisait ? Ça serait insensé et, d'ailleurs, il devait « être fini », puisqu'il n'appelait plus ! Quel malheur, tout de même !

Coupant court à leurs jérémiades, Chaix leur demanda où l'homme était tombé.

Ils ne savaient pas bien. Heureusement, des marins d'un navire à quai l'indiquèrent d'une façon assez précise.

Sans en entendre et sans en attendre davantage, Chaix saute à l'eau ; mais, tout aussitôt, il pousse un cri de douleur.

L'obscurité l'avait empêché d'apercevoir une grosse chaîne d'amarrage tendue à fleur d'eau et, avec toute la force de son élan, il était tombé en plein sur elle.

N'était-il que blessé ? Il avait tout de suite coulé et, ne le voyant pas revenir, les témoins pensèrent qu'il avait dû se tuer sur le coup.

Il n'en était rien. Il s'était fait de très graves

blessures ; mais, avec un courage surhumain, il continua son sauvetage et fut été assez heureux pour retrouver l'homme, pour le saisir par ses vêtements et le ramener à la surface. Avec une corde qu'on lui jeta, il eut encore la force de l'attacher pour qu'on le hissât sur le quai.

Mais, à son tour, Chaix appela à l'aide. Il perdait du sang, ne pouvait plus mouvoir le bras droit et se sentait défaillir. On lui rejeta la corde et, désespérément, car il se voyait perdu, il la saisit des dents et de la main gauche : on s'empressa de le venir prendre dans un canot.

A peine fut-il hors de l'eau qu'il s'évanouit.

A la lueur des lanternes apportées des navires voisins, on vit qu'il portait à la tête, à la poitrine et au bras droit des blessures d'où le sang coulait abondamment.

On le transporta chez lui : il n'avait pas repris connaissance quand il y arriva.

Pourquoi essayer de dépeindre l'émotion et la douleur de sa pauvre femme en présence du corps sanglant de son mari ?

Le médecin constata qu'il avait, du côté droit, deux côtes enfoncées et les chairs du bras en lambeaux, des blessures profondes à la tête, des contusions sur le reste du corps.

Il ne fallait pas moins de quatre mois pour son rétablissement.

Le surlendemain, Chaix reçut la visite de l'homme qu'il avait sauvé. C'était le capitaine d'un navire américain en chargement.

Il raconta que, s'étant attardé à terre, il avait, nonobstant, tenu à rentrer à son bord. Le vent s'était engouffré dans les pans du gros manteau qu'il portait et comme, imprudemment, il marchait sur le bord du quai, il avait perdu l'équilibre et était tombé à l'eau.

Il se montra très attristé de l'état de son sauveteur et, pour lui exprimer sa reconnaissance, il trouva des termes pleins de cœur.

Chaix apprit plus tard qu'il était venu avec l'intention d'offrir, comme récompense, une somme d'argent, mais que, lorsqu'il avait vu l'ordre et l'aisance du ménage, il avait craint d'être indiscret et de froisser le brave auquel il devait la vie. Mais il lui garda une constante gratitude et, pendant une dizaine d'années, à la date anniversaire de son sauvetage, il lui écrivit pour en renouveler l'expression.

Chaix m'a assuré que, des soixante personnes auxquelles il a sauvé la vie, l'Américain est le seul qui, avec le vieux prêtre des Eygalades, lui ait montré de la reconnaissance.

Pour l'honneur de l'humanité on veut croire

que, bien que n'ayant pas été exprimée, la gratitude des autres n'en a pas été moins réelle et sincère.

En tout cas, en décernant, pour ce beau sauvetage, une médaille d'or de 2me classe le Ministre fit, incontestablement, un acte de justice.

Chaix en fut — ici le mot est juste — encore récompensé d'une autre façon.

Les journaux de Marseille avaient rendu compte de sa belle conduite en cette circonstance ; entre tous, le *Petit Marseillais*, qui, déjà, était le journal aimé — et ami du peuple, avait parlé de lui en termes chaleureux. Aussitôt qu'il put sortir, Chaix crut de son devoir d'aller remercier le rédacteur en chef. Et, au cours de l'entretien qu'il eut avec lui, il fut amené à parler de la conséquence, pour lui désastreuse, de « la façon maladroite » dont il avait procédé au sauvetage du capitaine américain. S'il eût fait attention, il ne se serait pas blessé. Or, la machine de l'usine de glucose devant marcher tous les jours, il avait bien fallu prendre quelqu'un pour le remplacer et, comme le remplaçant faisait l'affaire du patron, il n'avait plus à espérer de reprendre sa situation à l'usine ; il se trouvait ainsi sans place, sans emploi et... sans ressources.

Le rédacteur en chef, homme de cœur, sut intéresser à cette situation l'administrateur du journal et, trois semaines plus tard, Chaix, sur les capacités et la conduite duquel les meilleurs renseignements avaient été fournis, entrait au *Petit Marseillais* comme conducteur des machines à vapeur.

Ce que le brave garçon en ressentit de joie est indicible !

A la vérité, la place était bonne, sûre, « pas éreintante » et bien rémunérée. Les machines qu'il allait conduire étaient superbes, splendidement installées et d'une admirable marche.

Et, puis, c'était sûrement plus distingué, « plus chic », comme alors on disait, de travailler dans les journaux que de travailler dans la glucose !

Il avait toujours eu une haute idée du rôle et de la puissance de la presse ; et il se sentait fier à la pensée que, lui, sauveteur de vies humaines, il allait un tout petit peu collaborer à l'œuvre de ces « sauveteurs des libertés publiques » que sont les journalistes.

V

Tout en étant, à bon droit. flattée et heureuse des belles actions de son mari, et pour «humanitaire» qu'elle fût, la femme de Chaix commençait à trouver que l'honneur qu'il retirait de ses sauvetages ne compensait pas les embarras de toute sorte qui en résultaient pour son ménage. Aussi cherchait-elle à le modérer.

Il y avait «apparence» que. sous peu. la famille allait s'augmenter et. vraiment, il avait montré assez de dévoûment à autrui pour être en droit de songer. maintenant. si non à lui. au moins aux siens.

Et «il se modéra» si bien que l'année 1875 se passa sans qu'il accomplît le moindre sauvetage.

Il s'en étonnait et, tout en s'en félicitant devant sa femme, il en éprouvait intérieurement une grande déconvenue.

L'occasion, qui, dit-on, « fait le larron », fait aussi le sauveteur. Certes, lorsque, dans l'après-midi du 21 août 1876, Chaix se rendait au Roucas-Blanc, c'était bien pour prendre un bain et pas du tout pour trouver un sauvetage à faire.

Or, il en trouva un ; et si beau qu'il n'eut pas le...... courage de résister à la tentation de l'accomplir,

Quiconque a passé seulement deux jours à Marseille connait le « Roucas-Blanc », car il se trouve sur la plus splendide promenade qui se puisse voir, à peu près au point de jonction du merveilleux chemin de la Corniche et des belles avenues du Prado.

C'est un mamelon élevé et boisé, qui dresse en face de la mer un superbe manteau de verdure d'où sort, comme une tête chauve, une énorme roche nue, à laquelle, sans doute, il doit son nom.

A ses pieds s'étend une plage qui, de tout temps, a dû être, de préférence aux autres, fréquentée par les baigneurs. On a construit là, il y a une trentaine d'années, un fort bel établissement de bains où, pendant la saison, affluent les marseillais et les étrangers.

Chaix est — ou au moins était encore, il y a vingt ans, un véritable amphibie : la mer était, autant que l'air, son élément naturel ; aussi faisait-il, de juin à septembre, de quotidiennes visites aux bains du Roucas-Blanc.

Les habitués ne le connaissaient pas seulement de vue : ils savaient si bien qui il était qu'en l'apercevant ils disaient : « Voici le terre-neuve » ! Sa présence rassurait les peureux et, quand il était là, on savait que, en cas de danger, on serait secouru et sûrement sauvé, au besoin.

Aussi ne s'étonna-t-il point lorsque, — le susdit jour 21 août 1876, — étant en train, dans sa cabine, de mettre son caleçon de bain, il entendit son nom mêlé à des appels au secours.

Que se passait-il ? Cinq personnes se noyaient à une trentaine de brasses de la plage. C'étaient de riches tunisiens : deux hommes, leurs femmes et la sœur de l'une d'elles.

Entrés ensemble dans le bain, ils s'étaient séparés. Les messieurs, sûrs d'eux, avaient pris le large, et les dames étaient restées en deça du poteau qui indiquait l'endroit où l'on perdait pied. Mais, distraction ou imprudence,

elles l'avaient dépassé en essayant de nager.
L'une des trois, fatiguée, avait voulu se reposer et, ne sentant plus le fond, s'était effrayée,
troublée, débattue, et avait coulé. Les deux
autres, affolées, en voulant la secourir, s'étaient
accrochées à elle et, avec elle, avaient été sub-
mergées.

En même temps que Chaix hâtivement
venait du rivage, les deux maris, avertis par
les cris et les signaux des baigneurs, se portaient au secours de leurs femmes ; mais, les
ayant accostées sans précaution, ils avaient
été, à leur tour, accrochés par elles et mis dans
l'impossibilité de nager et d'agir. Tous les
cinq avaient disparu au moment où Chaix
allait les atteindre.

Avec son expérience du sauvetage des noyés,
il plongea un peu en avant de l'endroit où il
les avait vu couler, voulant, — hors de leur
portée et avant de les approcher, — se rendre
compte de leur position sous l'eau et examiner
par où il pouvait saisir l'un d'eux (qui, à peu
près sûrement, entraînerait les autres), sans
s'exposer à l'être lui-même.

Mais, au lieu d'être groupés, ils formaient,
entre deux eaux, une chaîne qu'un courant
étendait et entraînait. Si bien que, en plongeant, Chaix donna de la tête contre la poitrine

d'un des hommes, lequel, instinctivement et désespérément. l'empoigna dans le dos. Fort heureusement. il ne tenait que le caleçon de bain qui. sous une vigoureuse poussée de son propriétaire, se déchira.

Saisissant alors la main qui en étreignait les lambeaux et violemment la tirant à lui. il détacha deux des anneaux de la chaîne humaine. l'homme et la jeune fille, que. quelques minutes après. il déposait sur le rivage.

Retourner, replonger et revenir avec les corps à peu près inanimés des deux autres femmes, fut pour lui l'affaire d'un quart d'heure.

Il restait encore un homme à sauver ; mais l'on ne pouvait guère espérer que, après une aussi longue immersion, on réussirait à le ranimer. Aussi conseillait-on au sauveteur. à la vérité épuisé, de s'en tenir là et de ne pas s'exposer en vain.

N'écoutant que son héroïque dévouement, il repart une troisième fois ; et, après des efforts inouïs, il revient tenant. enserré sous son bras gauche. ce qu'il croyait ne plus être qu'un cadavre.

Tous les cinq furent rappelés à la vie et. quand ils demandèrent leur sauveur afin de lui exprimer leur reconnaissance. ils furent navrés d'apprendre qu'il était parti.

Chaix ne pensait plus à eux lorsque, un mois après le sauvetage, il reçut leur visite au journal. Ils venaient, comme remerciement, lui remettre les insignes de Chevalier de l'Ordre du Nicham-Iftikar, qu'ils avaient pour lui sollicités et obtenus du Bey de Tunis.

Cette démarche parut le gêner, l'ennuyer. Ce n'est pas que la décoration fût pour lui sans prix. Mais, voilà, il n'avait rien dit à sa femme du sauvetage du Roucas-Blanc et il était tout à fait contrarié qu'elle l'apprît. Ce n'était pas seulement parce que, en l'accomplissant, il avait manqué à la promesse qu'il lui avait faite de ne plus jouer ainsi sa vie ; c'était surtout parce que, la connaissant, il sentait bien qu'elle ressentirait du chagrin de ce qu'il avait, en le lui cachant, manqué de confiance en elle.

C'était la première fois qu'il dissimulait avec elle ; il en avait un gros remords.

Il eût pu aisément cacher la croix et le brevet que, en l'absence de sa femme, on venait de lui remettre. La pensée ne lui en vint pas et, au contraire, il se promit de tout lui dire le soir même.

Il choisit le moment où elle amusait son petit dernier, alors âgé d'un an, pour tirer de

l'écrin la croix toute brillante d'or et de pierre-
ries et la mettre au cou du bébé.

— Oh ! c'est-y beau, exclama la maman !
Qu'est-ce que c'est ça, dis ?

— Ça, c'est une Croix d'Honneur qu'on m'a
apportée aujourd'hui.

Et, tirant les choses en longueur, les arran-
geant un tantinet pour atténuer ses torts, il
arriva à tout expliquer.

Trop émue pour se fâcher, sa digne femme
l'embrassa, lui attacha la belle croix sur la
poitrine, trouvant que c'était tout de même
beau de porter une si jolie décoration. C'était
la femme qui ainsi parlait ; mais la Mère mit
à l'admiration un correctif en conjurant, à
nouveau, le Père de ne plus s'exposer. D'un
baiser sur le front du *pitchoun*, elle lui fit
sceller l'engagement qu'il en prit.

Un an passa ; deux ans, trois ans, quatre ans
s'écoulèrent et l'engagement tenait toujours !

Il convient de dire que, visiblement, le ciel
s'en mêlait : en effet, pas une fois, pendant ce
temps là, la moindre occasion de manquer à
sa parole ne s'offrit à Chaix.

Tous les soirs, quand sa fille — qui se pré-
parait à la première communion —, récitant
son *Pater*, disait au bon Dieu : «ne nous in-
duisez point en tentation », Chaix, menta-

lement, répondait : « Ainsi-soit-il. »

S'il avait si peur des.... tentations, ce sauveteur endurci. c'est qu'il sentait bien qu'il lui serait presque impossible d'y résister.

« Qui a bu, boira »; et qui a sauvé, sauvera !

Il y a, comme cela, de par le monde, des gens que la fatalité pousse irrésistiblement au mal..... ou au bien ! C'est la destinée !

Ceci dit, par avance, dans l'espoir d'obtenir, en faveur de Chaix, des «circonstances atténuantes», pour l'acte qu'il *commit* le 19 juillet 1880.

Ce jour là, il était allé, à Bonneveine, prendre part au banquet d'une corporation dont il faisait partie.

Très gai, comme on l'est en pareille occurrence, Chaix et plusieurs de ses amis prirent, pour rentrer en ville, l'omnibus qui suivait la promenade du bord de mer, la Plage du Prado et le chemin de la Corniche.

Comme ils arrivaient au « Pont de la faussemonnaie ». des appels au secours se firent entendre.

L'omnibus s'arrêta; les voyageurs descendirent et virent, à quelques mètres en mer, deux femmes et un homme qui se débattaient et sûrement se noyaient ?

Chacun interrogeait : « Comment donc est-ce arrivé ? » — En pareil cas, il y a toujours des gens qui, ne sachant rien mais voulant paraître bien renseignés, donnent imperturbablement comme vraies les versions que l'imagination leur suggère.

L'un affirmait que les trois personnes s'étaient jetées ensemble à l'eau, voulant évidemment se suicider. D'après un autre, — qui disait avoir tout vu, — l'homme seul s'était volontairement jeté à la mer et les deux femmes, en voulant l'en empêcher, avaient été entraînées par lui.

La vérité, c'est que ces trois personnes : le Père, la Mère et la fille, s'étaient, peu prudemment, installés sur les rochers pour goûter : la jeune fille avait laissé échapper une orange qu'elle pelait et, dans un mouvement brusque pour la rattraper, ayant perdu l'équilibre, était tombée à l'eau. La Mère, pour la retenir, l'avait saisie par la robe et avait été entraînée avec elle. Bien que ne sachant pas nager, le Père s'était précipité à leur secours, mais tous les trois se sentaient perdus.

Chaix ne s'était pas arrêté à écouter ces explications. Que servait de savoir par quelles causes ces êtres humains se trouvaient en péril de mort ? L'important était de les sauver.

En le voyant sauter à l'eau. tout le monde se tut.

La mer était grosse et, pour nager contre les lames, le sauveteur dut faire de grands efforts. Il fut assez heureux pour saisir les deux femmes, qui se tenaient étroitement enlacées ; mais, au moment où, les ramenant à terre, il allait aborder, une vague énorme les roula et les précipita en avant.

Avec autant de force que de sang-froid. d'habileté que de promptitude, le sauveteur, voyant que les corps qu'il traînait allaient se briser sur les rochers. les rejeta vigoureusement en arrière ; mais il vint lui-même butter de la tête contre un bloc et se fit une large blessure d'où le sang coula abondamment, en maculant de rouge l'écume neigeuse du flot.

Malgré la souffrance et l'étourdissement résultant de sa blessure. bien que fatigué et affaibli par le sang qu'il perdait, aussitôt qu'il eut déposé les deux femmes sur la berge, il retourna chercher le mari qui, dans l'intervalle. avait coulé ; et, l'ayant pu saisir. il le ramena à son tour.

Ceux qui, du rivage, avaient suivi les péripéties du drame, épanchèrent leur émotion, trop longtemps contenue, en d'enthousiastes manifestations.

D'aucuns se répandaient en bruyantes félicitations; d'autres, la voix coupée, pleuraient. Les hommes serraient les mains du sauveteur et les femmes, attendries, l'embrassaient.

Lui, en cherchant à arrêter le sang qui coulait de sa blessure et en regardant le piteux état de ses habits de fête, songeait : «que va dire ma femme, en me voyant dans pareil état ?

Elle ne dit rien, le pansa, le fit coucher, le restaura, l'embrassa, et le veilla jusqu'à ce qu'il fût endormi. Et le regardant, elle se disait : « Ah! le brave homme que j'ai! Oh! le grand cœur» !

Le lendemain, une bande de sparadrap sur la nuque, il reprenait son travail au *Petit Marseillais*, répondant, à qui le questionnait sur sa blessure, qu'il était tombé dans son escalier. Les reporters du journal dévoilèrent son...... imposture, en racontant le magnifique sauvetage accompli par lui la veille et, trois semaines après, il était invité à passer à la Préfecture, où on lui remit une médaille d'or de 1re classe que le Ministre de la Marine lui décernait pour l'admirable courage dont, en cette circonstance, il avait donné une nouvelle preuve.

Après ce beau sauvetage, il resta près d'un an *bien sage*, selon l'expression de sa femme.

Mais, pour n'en pas perdre l'habitude, il retira de l'eau, le 8 juin 1881, une jeune femme qui, dans un moment de désespoir, s'était, à la chûte du jour, jetée dans le vieux port.

Une médaille d'argent de 2ᵐᵉ classe lui fut pour ce fait décernée.

Par qui les hauts faits d'Edouard Chaix furent-ils signalés à l'Académie ? Qui posa sa candidature à l'un des prix Monthyon ? Il ne l'a jamais su.

D'autres personnes, qui connaissaient mieux son frère Calixte, avaient de même, à l'insu de celui-ci, fait des démarches en vue de lui faire obtenir la même « récompense » pour les nombreux et beaux sauvetages que, de son côté, il avait accomplis.

Si bien que, dans sa séance solennelle de Juillet 1881, l'Académie Française, unissant les deux frères dans une même glorification, leur décernait un premier prix Monthyon de 2,000f.

Le *Petit Marseillais* publia, à cette occasion, dans son numéro du 11 Juillet 1881, l'article que voici :

Nous apprenons que, dans sa séance annuelle, l'Académie française a accordé une des plus hautes et des plus honorables distinctions dont elle dispose, un premier prix Monthyon de 2,000 fr. aux deux frères jumeaux Chaix, nos compatriotes.

Cette nouvelle ne saurait surprendre personne; on s'y attendait; les amis de l'humanité n'en applaudiront pas moins à cet acte de justice.

Quoiqu'ils n'aient encore que 40 ans. Edouard et Calixte Chaix comptent déjà, en effet, un riche passé d'actes de courage et de dévouement, qui, depuis long-temps, leur donnaient droit à la haute récompense qu'ils viennent d'obtenir.

Quelle belle et singulière destinée aura été celle de ces deux vaillants enfants du peuple marseillais. Edouard et Calixte. Ils sont nés le même jour et à la même heure ; ils ont eu la même passion, la passion du bien, du dévouement à leurs semblables ; ensemble. ils ont été mentionnés honorablement et trois fois mé-daillés par deux ministres. Et, dans la même séance solennelle, ils sont inscrits. tous deux, par l'Académie en tête du livre d'or de la vertu, de l'abnégation et du courage.

Depuis quelques temps, certains écrivains. pris d'un prurit de singularité ou d'érudition. essaient de jeter le discrédit sur le nom et les œuvres de M. de Monthyon. Alors que tous les peuples s'efforcent de grandir leurs célé-brités, il est des français, modernes *iconoclas-tes* (1) qui croient s'illustrer en brisant les statuts, en salissant la mémoire de ceux que

---

(1) Les iconoclastes. déclarés hérétiques au 5ᵐᵉ siècle, con-damnaient le culte rendu aux images des saints et brisaient leurs statues.

nous tenons pour des grands hommes.

A en croire l'un de ces redresseurs d'opinion. M. de Monthyon aurait été de son vivant, « avare, dur et cruel aux humbles »; il aurait « édifié sa fortune sur les malheurs publics et vécu du bien d'autrui ». C'est seulement «au moment de mourir » que, « faisant son acte de contrition et pris de remords», il aurait «songé à la misère des petits et doté l'Institut du fruit de son usure.»

Quand cela serait vrai, est-ce que M. de Monthyon, en restituant aux humbles ses biens soi-disant mal acquis, ne se serait pas mieux réhabilité qu'en en faisant profiter ses descendants ?

Mais, ces prétendues découvertes d'«érudit » ne supportent pas l'examen.

Le Baron de Monthyon. — qui fut un magistrat distingué et un écrivain de valeur, — naquit en 1733 et est mort en 1820. Or, c'est en 1782, à l'âge de 49 ans et 38 ans avant son décès, que, par divers legs, il fonda les prix de vertu et de littérature qui portent son nom. (2)

Pendant sa longue et honorable vie, il

---

(2) En même temps que les prix de vertus, M. de Monthyon a fondé un prix annuel de 1.200 francs pour l'ouvrage que l'Académie Française jugerait le meilleur parmi ceux publiés dans l'année.

employa la majeure partie de sa fortune — qui lui venait d'héritage — à encourager les lettres et les dévouements; en mourant, il laissa près de trois millions aux hospices.

La mémoire de cet homme de bien et de progrès doit être respectée ; il m'a paru bon d'en convaincre ceux qui ont reçu ou recevront un des prix de vertu qui portent son nom.

Un autre écrivain, chroniqueur et politicien de demi-renommée, étant récemment à bout d'idées et de copie, n'a rien trouvé de mieux que de « blaguer » ceux auxquels ces prix sont chaque année décernés.

Pour lui « les clients de M. de Montyon », *les abonnés de la vertu,* comme dédaigneusement il les appelle, ne visent qu'à « attraper quelque chose », à « empocher de l'argent » et si la récompense leur est, dit-il, insuffisante au point de vue matériel, « elle est plus stérile encore au point de vue moral ».

Vilaines pensées que celles-là !

Le 17 novembre dernier, dans son rapport sur les prix de vertu, M. Pierre Loti semble avoir voulu venger « les obscurs apôtres du bien » de ces ineptes outrages.

C'est « avec un sentiment de vénération presque religieuse » qu'il parle de « ces êtres d'exception et d'élite », dont si grande est la modestie qu'ils sont « étonnés et confus » en recevant les prix que l'Académie leur décerne ! Et, « s'inclinant très humblement devant ces simples et ces admirables, qui n'ont rien, n'ont jamais rien eu, pas seulement le pain de chaque jour et qui trouvent le moyen d'être bons, de l'être inépuisablement, à toute heure, durant des années », M. Loti exhorte ses concitoyens à essayer « d'imiter un peu ces grands cœurs ».

Leurs exemples sont, en vérité, opportuns, et l'heure est mal choisie pour prendre à tâche d'arracher des âmes l'émulation du bien et de briser les ressorts du dévouement !

Heureusement. ces sceptiques prêchent dans le désert ! Ni leurs paradoxes, ni leurs railleries n'empêcheront une foule de braves cœurs de rester « les fidèles abonnés de la vertu » et leurs concitoyens de les admirer !

Edouard Chaix est fier à bon droit d'avoir reçu les insignes du prix Montyon ! Et les membres des Sociétés de sauvetage, aux réunions annuelles desquelles il est toujours invité, ambitionnant de les obtenir à leur tour, appellent et recherchent l'occasion de les mériter par de belles actions.

Donc, au point de vue moral, ces récompenses sont loin d'être stériles.

Que les gens *cossus* affectent de croire

qu'elles sont, au point de vue matériel, chose négligeable, cela se conçoit. Mais ceux qui les reçoivent ont généralement de sérieuses raisons d'en juger autrement.

Ainsi que l'observe M. Loti, pour découvrir de vrais dévouements, c'est chez les humbles que l'Académie les doit chercher.

Les lauréats des prix Montyon se recrutent parmi des gens « qui n'ont rien » que des besoins. Et la plupart sont d'autant plus satisfaits de recevoir un peu d'argent qu'il leur est remis sous une forme qui les honore et non comme une humiliante aumône.

Edouard Chaix fut très content d'apporter à sa ménagère les 1000 francs du prix qu'il partageait avec son frère.

Et, de fait, l'aubaine arriva bien à propos, car ce fut au lendemain de la naissance d'un troisième enfant.

La naissance d'un enfant est toujours un bonheur dans les familles du peuple ; mais c'est toujours aussi un accroissement de charges auquel ne correspond pas un accroissement de ressources. Il faut alors redoubler d'économie, réduire les dépenses et se sevrer de tout superflu. Mais comme cela est fait gaiement ; et combien touchant est le spectacle qu'offrent ces vertueux ménages d'ouvriers.

J. Simon en a fait ce délicieux tableau :

« Dès qu'un enfant leur est né, une flamme ardente s'élève dans le cœur du Père et de la Mère. Avant même qu'il puisse les aimer, les comprendre ou les connaître, toute leur intelligence est occupée de lui, tous leurs sentiments se portent vers lui. Ils sentent que la souffrance n'est rien pour eux quand il ne souffre pas, que leur bonheur est dans son bonheur. S'ils veillent, c'est pour s'occuper de ses besoins. Ni le Père ni la Mère ne sentent la fatigue quand il s'agit de lui. Ce dévouement ne leur coûte pas ; bien plus, il leur est nécessaire ; il fait partie du bonheur que leur donne leur enfant. Leur cœur s'habitue à cette sollicitude, à ce travail, et ne peut plus s'en détourner. A chacun sa tâche : la Mère, comme un ange gardien, veille près du berceau et du foyer ; le Père ne connaît plus le découragement et travaille avec un infatigable courage pour assurer le bien-être de l'enfant ».

Tel était l'intérieur de la famille de Chaix. Sa femme est l'incarnation du dévouement maternel, de l'ordre, de l'économie ; et lui fut toujours, comme Père et comme époux, un modèle.

Dans les belles pages auxquelles je viens d'emprunter quelques lignes, l'auteur de *La*

Liberté du Foyer fait cette observation trop fondée :

« Il y a véritablement une tendance très fâcheuse des hommes à ne plus vivre avec leurs femmes, et à passer la soirée, après les affaires, au club ou à l'estaminet, selon les positions. Cet abandon du foyer et des rapports intimes est un vrai malheur ; il diminue le lien de la famille ».

Je crains bien que ce « malheur » sévisse plus dans les villes du Midi que dans celles du Nord. Dans celles-ci, les « Messieurs » seuls ont des Cercles ; c'est une institution en quelque sorte aristocratique.

En Provence, au contraire, ce sont surtout des Cercles d'ouvriers qui existent. Partout il y en a et je sais des villages de 1500 à 1600 habitants qui en comptent jusqu'à trois. Avant les repas, on y va prendre l'apéritif ; et l'on se hâte de souper pour y revenir faire « la partie de manille ».

Je veux bien convenir que ces Cercles sont préférables aux « bars » ou cabarets ; mais je crois que le foyer est davantage préférable aux Cercles.

Car, enfin, laisser ainsi quotidiennement la femme seule à la maison, n'est-ce pas l'exposer à l'ennui, à la tristesse, au dégoût du devoir et à toutes sortes de tentations ?

D'autre part, quelle influence le Père peut-il exercer sur l'éducation de ses enfants, quelle affection peut-il attendre d'eux, alors que, partant le jour pour travailler et le soir pour s'amuser, il n'est presque jamais avec eux ?

Et, plus tard, quand ses fils auront grandi, comment pourra-t-il les empêcher de courir au dehors, de se dissiper, de.... « s'amuser » à leur tour, alors que, depuis leur enfance, il leur aura montré si peu de goût pour la vie d'intérieur, pour l'intimité de la famille ?

Il m'est singulièrement agréable de pouvoir louer ici Edouard Chaix de ce qu'il a su faire exception à ce qui est malheureusement la règle de la plupart de ses compatriotes.

Il a toujours été un homme d'intérieur, fidèle à son foyer, aimant son chez lui et ne s'en éloignant que pour le travail et le devoir.

Aussi n'était-ce point en partie de plaisir, mais en voyage d'affaires, qu'il se trouvait, dans la matinée du 16 septembre 1882, en compagnie de deux amis, sur le chemin qui va, en suivant le fleuve, de Saint-Louis-du-Rhône à Arles.

Le temps était mauvais ; l'orage grondait ; le mistral soufflait et le Rhône, grossi par des pluies prolongées, roulait torrentueux.

Trois femmes d'Arles n'en avaient pas moins tenté de traverser le fleuve, sans passeur, dans un bateau plat.

Ne sachant pas plus se servir des rames que diriger le gouvernail, elles n'étaient pas à dix mètres de la rive qu'elles comprirent leur imprudence. Le courant les entrainait; impuissantes à lutter contre lui, elles lachèrent les avirons et, affolées, laissèrent l'embarcation aller à dérive.

Voyant bien le danger qu'elles couraient, elles jetaient des cris d'épouvante que le vent emportait.

Elles avaient ainsi descendu près d'un kilomètre, toujours vainement appelant au secours, lorsque leur barque vint heurter un de ces minuscules îlots qui abondent dans le bas Rhône, L'une se cramponna à la barque chavirée; les deux autres s'accrochèrent aux racines d'un saule ; et toutes les trois, lamentablement, continuaient à jeter des cris désespérés.

Chaix et ses compagnons étaient encore à plusieurs centaines de mètres quand, vaguement, ils les entendirent.

Faisant diligence, ils accoururent et.... et, on le devine, en voyant le péril imminent que couraient les trois arlésiennes, Chaix les voulut sauver.

C'était la première fois qu'il avait à accomplir un sauvetage en rivière ; mais il comprit tout de suite que, pour atteindre celles qu'il voulait sauver, il lui fallait se jeter à l'eau en amont, afin d'être porté par le courant, au lieu d'avoir à lutter contre lui. Il accosta l'îlot au moment où les deux femmes qui s'étaient retenues aux racines du saule, étant à bout de forces, venaient de lâcher prise et étaient emportées par le courant. Il les rejoignit, les saisit et réussit à aborder à 50 mètres en aval.

Répétant l'opération, il sauva la troisième et, une heure après, les trois imprudentes rentraient à Arles avec leur courageux sauveteur et ses amis.

Inutile de dire qu'ils furent acclamés et fêtés ; tout le monde sait que les arlésiens sont aussi généreux que les arlésiennes sont belles. On oublia même de prendre leurs noms.

Marseille avait, à cette époque, pour Commissaire général de la Marine, M. Lancelin, fonctionnaire vigilant et homme de grand cœur. Il était de ceux qui pensent qu'il faut encourager le bien en l'honorant.

Il connaissait Edouard Chaix, avait sur lui un dossier auquel chacun de ses sauvetages ajoutait une pièce ; et il s'était mis en tête d'obtenir pour lui la Croix de la Légion d'Honneur. (1)

Il y avait déjà pas mal de temps qu'il en avait fait la demande et il mettait à la faire aboutir une infatigable persévérance. Elle avait été favorablement accueillie par le Ministre ; mais c'est surtout dans cette Légion qu'il y a beaucoup d'appelés et peu d'élus. Aussi la solution était-elle lente à venir.

Ce ne fut point pour la hâter que Chaix ajouta un titre de plus à ceux — si nombreux déjà — qu'il avait ; mais la chose vint juste à point pour fournir à M. Lancelin un argument décisif.

Le 3 mars 1883, vers huit heures et demie du soir, son travail étant terminé, il sortait, tout en sueur, des ateliers du *Petit Marseillais*, situés, comme aujourd'hui, sur le Quai du Canal. Entendant des cris et voyant un attroupement, il s'approcha et interrogea.

Il apprit qu'un homme, en voulant éviter une voiture, s'était trop approché du bord du quai et, qu'ayant glissé, il était tombé dans le Canal. Le bruit de sa chûte avait attiré l'atten-

(1) M. Oscar de Tunis, ancien directeur au Ministère des Affaires Etrangères, et président de la société des Légionnaires et Sauveteurs médaillés du gouvernement, à Marseille, fit dans le même but de très actives démarches. Il a, d'ailleurs, toujours montré à Edouard Chaix le plus grand dévouement.

tion du charretier, lequel avait appelé au secours ; mais aucun des passants qui étaient accourus n'osait « s'aventurer ». D'abord, il faisait une nuit noire et l'endroit n'était aucunement éclairé ; ensuite l'eau du Canal était troublée par toutes les saletés qu'on y jetait et l'on risquait d'être asphyxié avant d'avoir retrouvé le malheureux.

Chaix lança un mot assez dur à ces gens prudents et sauta à l'eau. Sa chute fit globuler à la surface des gaz qui empestèrent les spectateurs. Retrouver dans cette boue un corps qui sûrement était déjà inerte n'était vraiment pas facile. Mais, avec le flair particulier du sauveteur, Chaix finit par le découvrir au-dessous d'un chaland.

Quand il l'eut ramené à l'air, il fit de vains efforts pour le hisser sur le quai, qui était trop élevé au-dessus de l'eau, et il dut se cramponner à la chaîne d'un bateau. Des matelots vinrent à son aide et, pendant qu'ils ranimaient le noyé, Chaix rentra à son atelier où des camarades lui donnèrent de quoi se changer.

Le lendemain, un commencement de fluxion de poitrine se déclara et, bien que vite enrayée, il dut garder le lit une dizaine de jours.

A la suite de ce sauvetage, il reçut une seconde médaille d'argent de 1re classe et, le

29 Décembre suivant, le *Journal Officiel* publiait un décret le nommant chevalier de l'Ordre de la Légion d'honneur (1).

Voici en quels termes le *Petit Marseillais* enregistra l'heureuse nouvelle :

Nous avons annoncé, dans nos dépêches d'hier, que M. Edouard Chaix, mécanicien à Marseille, avait été, sur la proposition du ministre de la marine, nommé chevalier de la Légion d'Honneur.

M. Chaix fait, depuis dix ans, comme mécanicien, partie de l'imprimerie du *Petit Marseillais*. Il a eu le premier prix Montyon, décerné par l'Académie Française, le 7 août 1880, est chevalier du Nicham, pour faits de sauvetage, et avait déjà reçu du gouvernement français, entre autres distinctions, une médaille d'argent de 2ᵐᵉ classe, une autre médaille d'argent de 1ʳᵉ classe et deux médailles d'or des deux classes. Il est bon de faire remarquer que M. Chaix a accompli 34 sauvetages et reçu 5 blessures.

La distinction dont il vient d'être l'objet est donc amplement justifiée, et nous l'en félicitons cordialement au nom de tout le personnel de l'imprimerie.

Dans son numéro du 30 Janvier suivant, le même journal publiait ce qui suit :

Une cérémonie aussi simple que touchante a eu lieu hier matin, à 10 heures, à l'hôtel de la marine. M. Lancelin, commissaire général, remettait officiellement à

(1) Un décret du même jour nommait également chevalier de la Légion-d'honneur M. Calixte Chaix, commerçant à Marseille, pour de nombreux actes de dévouement. En tout, les deux jumeaux sont, on le voit, inséparables.

M. Edouard Chaix, employé au *Petit Marseillais*, la croix de la Légion d'Honneur. Dans le grand salon, se trouvaient réunis les délégués des sociétés de sauvetage de Marseille et du département, les médaillés du gouvernement, l'officier commandant la *Bergeronnette*, et M. Lancelin, assisté de M. de Saboureau, des commissaires et sous-commissaires en tenue, et du personnel de la marine. En quelques paroles émues, et au milieu de l'impression générale produite par cette communicative émotion, M. le commissaire général a rappelé la vie héroïque de Chaix, ses actes de dévouement et a terminé en lui donnant l'accolade fraternelle en même temps qu'il attachait sur sa poitrine le signe de l'honneur. Cette cérémonie n'a duré qu'un quart d'heure, mais a revêtu un caractère solennel et a laissé parmi tous les assistants un inoubliable souvenir.

Le discours éloquent de M. Lancelin a sa place ici: c'est le plus précieux des documents que, pour mon travail, Chaix m'a remis :

« Messieurs,

« J'ai désiré vous réunir aujourd'hui pour
« remettre solennellement en votre présence
« à M. Edouard Chaix, l'insigne de la plus
« haute distinction que la France accorde aux
« plus nobles de ses enfants, la Croix de la
« Légion d'honneur.
« Si jamais quelqu'un s'en est montré digne,
« c'est assurément l'homme généreux par

« excellence qui se trouve aujourd’hui devant
« vous.

« Pour lui, le dévouement est une profes-
« sion ; il n’existe pas pour lui même, mais
« pour ses semblables ; quand à sa vie propre,
« il l’expose et la prodigue tous les jours pour
« sauver celle des malheureux au secours des-
« quels il s’élance, en bravant tous les périls.

« Je ne vous retracerai pas, Messieurs, les
« nombreux actes de sauvetage accomplis par
« M. Chaix ; la liste en serait trop longue et
« ma mémoire serait impuissante à les retenir.

« Il me suffira de vous dire qu’un nombre
« considérable de personnes, disputées et en-
« levées aux flots de la mer, lui doivent la
« conservation de leur existence, que son corps
« porte la trace des nombreuses blessures qui
« n’ont fait qu’augmenter son courage, et
« qu’avant d’être proposé pour la croix, il
« avait obtenu déjà des témoignages officiels
« de satisfaction, plusieurs médailles d’argent,
« deux médailles d’or, enfin *le grand prix*
« *Montyon, c’est-à-dire le prix de vertu dans*
« *la plus noble acception de ce mot.*

« Encore ses actes de sacrifices n’ont-ils pas
« été toujours récompensés, par ce qu’ils n’ont
« pas toujours été connus. Chez M. Chaix, en
« effet, la modestie égale le dévouement, et

« l'un des derniers faits de sauvetage qui lui
« valent aujourd'hui la décoration, accompli
« par lui, sans se faire connaître, dans les eaux
« rapides du Rhône, au péril de sa vie, serait
« resté sans doute ignoré si des circonstances
« fortuites n'avaient amené l'administration
« de la Marine à en découvrir le généreux
« auteur.

« Une aussi belle conduite appelait une
« haute récompense ; aussi me suis-je fait un
« devoir de la signaler à la bienveillante atten-
« tion du Ministre de la Marine. Le Ministre,
« auquel on ne fait jamais appel en vain, quand
« il s'agit de reconnaître les dévouements de
« la vie maritime, a bien voulu accueillir ma
« demande et provoquer le décret qui confère
« à M. Edouard Chaix la croix de Chevalier de
« la Légion-d'honneur.

« Cette récompense, Monsieur Chaix, je
« suis heureux de l'avoir sollicitée, plus heu-
« reux de l'avoir obtenue, plus heureux encore
« d'avoir été désigné pour attacher à votre
« poitrine le signe de l'honneur que nul plus
« que vous n'est digne de porter ».

On ne saurait, en moins de mots, dire plus
et mieux dire.

De telles paroles honorent à la fois celui qui

les a prononcées et celui qui en a été le sujet.

Je ne pourrais qu'en amoindrir la portée si j'essayais de les commenter ; mais il n'est pas inutile de retenir la pensée sur quelques passages de ce discours.

Quand M. Lancelin a dit que la croix qu'il remettait à Chaix est « l'insigne de la plus haute distinction que la France accorde aux plus nobles de ses enfants », il a, en termes aussi heureux qu'exacts, défini l'Ordre de la Légion d'honneur et son but.

Dans l'acte du 19 Mai 1802, son fondateur l'avait fait avec moins de précision.

Ce n'est point une *faveur* octroyée par un gouvernement ; c'est une *distinction* que *la France* accorde, pour désigner, à la considération des citoyens, ceux qu'elle tient pour les plus nobles, pour les plus dignes de ses enfants.

Puissent ceux qui, au nom de la France, décernent cette distinction, et aussi ceux qui la reçoivent prendre pour précepte la belle parole de M. Lancelin !

Il n'est pas moins perspicace quand il indique ce qu'il faut être pour mériter cette distinction : généreux, dévoué, modeste, prêt à sacrifier jusqu'à sa vie pour le salut de ses semblables ! On n'est, en effet, un *homme*, un *citoyen* qu'à ce prix !

Combien encore il est vrai quand il fait, des prix Montyon, « les prix de vertu dans la plus noble acception du mot », comme aussi quand il voit, dans les médailles que donne l'Etat, non des récompenses, mais des « témoignages officiels de satisfaction ». Quel plus bel hommage civique pourraient désirer les citoyens que le témoignage de satisfaction à eux rendu par l'Etat, c'est-à-dire par la nation elle-même ?

Mais ce qui me touche plus encore que tout cela, c'est la conviction, l'émotion, le cœur que met ce chef à faire l'apothéose d'un humble !

S'il est heureux d'avoir sollicité et obtenu la croix pour Ed. Chaix, c'est qu'il savait que peu en étaient aussi dignes que celui-là ! Et il a voulu le dire solennellement en présence des chefs et du personnel de la marine, devant les délégués des sociétés de sauvetage du département et des médaillés du gouvernement.

Le *Petit Marseillais* eut grandement raison d'écrire que cette cérémonie, aussi simple que touchante, laisserait dans le cœur des assistants un inoubliable souvenir. Ceux qui n'y assistaient pas, tous les membres de la grande famille maritime, chefs ou matelots, en ont pu, en ont dû aussi tirer une grande leçon, un bel exemple de solidarité !

C'est pour conserver et raviver ce souvenir, cette leçon, cet exemple, que j'ai cru devoir insister sur la conduite et les sentiments également louables d'un commissaire général de la Marine qui, dans ce corps d'élite, n'est, d'ailleurs, point une exception.

VI

Les Épidémies Cholériques. —
La Société des "Sauveteurs du Midi". —
Nouveaux Sauvetages. — Nouvelles Récompenses.

Si notre grand sauveteur avait eu pour mobile le désir «d'attraper quelque chose», ou seulement la vanité, il devait être satisfait. Et, ne pouvant rien ambitionner de plus, il n'avait, désormais, qu'à « se reposer sur ses lauriers.» Mais, non ; Edouard Chaix n'est pas de ceux dont les honneurs refroidissent le dévouement.

M. Lancelin l'a dit : «le dévouement est pour lui une profession ». Or, il n'avait alors que 43 ans et ne songeait nullement à prendre, comme sauveteur, une retraite anticipée.

Il reste encore quelques belles actions à mettre à son actif et, tout d'abord, son admirable conduite pendant les épidémies cholériques de 1884 et 1885.

On a souvent fait, non sans raison, à la ville de Marseille, le reproche d'avoir, dans la préoccupation constante de sa prospérité maritime, industrielle et commerciale, oublié de songer à sa sécurité sanitaire.

Ce n'est guère que dans ces dernières années que ses Municipalités se sont préoccupées des travaux d'assainissement.

Aussi, les épidémies tiennent-elles, dans son histoire, beaucoup trop de place.

De César au siècle dernier, vingt-trois fois la peste a décimé sa population ! C'est ensuite le choléra qui, à maintes reprises, a troublé sa prospérité et sa quiétude. On sait avec quelle intensité ce fléau a sévi en 1865 et 1866, et surtout en 1884 et 1885.

Mais, à toutes les époques, dans toutes les occasions, les dévouements furent à la hauteur des désastres.

Dans la peste de 1720, à côté de l'admirable évêque Mgr de Belsunce, le gouverneur Langeron, les échevins Moustié, Estelle, Dieudé et Audémar montrèrent un véritable héroïsme. Et le chevalier Roze, n'est-il pas sublimement chevaleresque lorsque, à la tête de deux cents forçats auxquels la liberté était promise, mais qui succombèrent tous, il fit enlever, ensevelir et consumer dans la chaux vive, des milliers de cadavres qui infestaient les rues ? Et combien, parmi les plus humbles citoyens, firent aussi preuve de grandeur d'âme, de généreux dévouement et d'une abnégation d'autant plus méritoire qu'elle devait rester ignorée !

De même, dans toutes les épidémies cholériques de ce siècle, le dévouement des Marseillais a été grand autant que général.

On aimerait à retrouver, dans un livre d'Or qui en perpétuerait et le souvenir et l'exemple, les actes et les noms de ceux qui, dans ces calamités, se signalèrent plus particulièrement à la gratitude et à l'admiration de leurs concitoyens. Je l'ai cherché ; je l'ai demandé et j'ai été aussi étonné que peiné quand on m'a assuré qu'il n'existait point.

Ne croit-on pas qu'il y aurait eu là les éléments d'une belle page à placer dans les annales de Marseille ?

Ne serait-il pas possible encore d'en recueillir quelques intéressants souvenirs ?

Les nombreuses associations qui existent à Marseille, — associations laïques ou associations religieuses, sociétés de secours mutuels ou sociétés de bienfaisance, cercles ou confréries, — ont toutes, dans ces épidémies, rivalisé de zèle, de philanthropie, de charité. Il n'en est, vraisemblablement, pas une qui ne puisse mettre à l'actif de ses membres de nobles actions, de beaux exemples. Il suffirait d'ouvrir les archives de chacune d'elles et d'y puiser.

En attendant que quelqu'un écrive ce livre, il me sera bien permis, en des pages destinées aux sauveteurs, de relater ce que, en ces jours de deuil et d'épouvante, la *Société des Sauveteurs du Midi* a fait pour lutter contre le terrible fléau.

Cette Société, légalement constituée par un décret du 30 juin 1860, fut fondée, par quelques hommes de cœur, dans le but de grouper les Sauveteurs de la région, d'établir entre eux une émulation de dévouement et une mutualité de secours.

Elle eut pour premier Président M. Pierre Isnard, auquel succéda, en mai 1865, M. Pierre Maillet.

De toutes parts, la Société reçut des encouragements moraux et matériels, auxquels ses membres répondirent en rendant à leurs concitoyens les plus signalés services, tant par des actes de courage individuels que par des dévouements collectifs.

Le concours que, pendant le choléra de 1865 et de 1866, ils donnèrent aux services d'assistance organisés par la Municipalité montra ce que peut une association d'hommes de bien,

animés d'un profond dévouement à leurs semblables, et les plaça haut dans la considération
publique.

L'année terrible, qui ruina tant de choses
en France, fut fatale à la jeune Société. Ses
membres se disséminèrent, peu à peu se désin-
téressèrent de l'association et, après la guerre,
celle-ci se trouva disloquée, désagrégée. En
1875, elle ne comptait plus que quarante-cinq
adhérents ayant pour tout encaisse la somme
infime de 90 francs !

Fort heureusement, ces quarante-cinq *sur-
vivants* de la belle phalange décimée étaient
des tenaces, des dévoués et, de plus, des clair-
voyants. Ils surent choisir, pour président, un
homme qui, lui aussi, était éclairé, actif, per-
sévérant et bienfaisant ; j'ai nommé M. Charles
Bonniot.

Sous son impulsion, la Société en peu d'années se releva, se revivifia et connut une
prospérité sans précédent.

A la fin de 1887, elle comptait 820 membres
et son avoir atteignait 46.000 francs.

Les services rendus par elle pendant l'épidémie cholérique de 1884 et 1885 ont, certainement, concouru à ces succès si prompts et si
grands.

La Société répartit alors ses membres dans

les bureaux des divers quartiers de la ville et en organisa un dans son local de la rue Sainte, N° 30. Les médecins et les familles trouvaient toujours là des infirmiers, le plus souvent pris parmi les sauveteurs ; mais, parfois aussi, n'appartenant point à leur Société. Dans ce bureau, vite connu et populaire, se rencontraient des hommes de tous les rangs venant offrir leur concours.

Un jour, deux Messieurs, — dont un médecin — s'y rencontrèrent et se rendirent ensemble auprès d'un cholérique pour lequel on venait de réclamer des secours. Il fut sauvé grâce aux soins qu'ils lui prodiguèrent et, sans se connaître, ils se serrèrent cordialement la main en se quittant. L'un était le Docteur Flaissières et l'autre le Marquis de Fonscolombe ! C'est le propre de la bienfaisance de rapprocher et d'accorder ainsi les hommes de cœur que la politique trop souvent divise.

Ce n'est pas seulement en prodiguant aux malades indigents des soins dévoués que les « sauveteurs » rendaient à leurs concitoyens d'inappréciables services ; par la sérénité et la fermeté d'âme qu'ils montraient, ils surent réagir contre la peur, cette redoutable complice des épidémies, et raffermir le moral de la population.

Le gouvernement, pour reconnaître leur éminent dévouement, prit, à la date du 21 mai 1886, la décision suivante :

« Au nom du Président de la République, le Ministre secrétaire d'Etat au Département de l'Intérieur, a décerné une Médaille d'honneur en or, de première classe, à la Société des Sauveteurs du Midi, *qui s'est distinguée d'une manière exceptionnelle pendant les épidémies cholériques de 1884 et 1885. La Société des* Sauveteurs du Midi *est autorisée à suspendre cette Médaille à la hampe de son drapeau, par un ruban tricolore. »*

A l'Exposition Nationale qui eut lieu à Marseille la même année, la société des Sauveteurs du Midi reçut un Diplôme d'honneur, comme témoignage de l'admiration et de la reconnaissance de la population.

Des récompenses officielles furent aussi accordées à un grand nombre de ses membres.

M. Charles Bonniot qui, de l'avis unanime, avait été réellement, dans la troublante circonstance, l'âme de la Société des Sauveteurs, l'ardent foyer ou se vinreut échauffer et entretenir tant et de si beaux dévouements, avait largement mérité « la haute distinction que la France accorde aux plus nobles de ses enfants»

Elle eût du se faire moins attendre ; mais M. Bonniot y a gagné d'en recevoir les insignes des mains du plus grand citoyen de notre siècle, de l'immortel Président de la République, Sadi-Carnot !

Ce jour-là, il n'y eut pas un seul vrai Marseillais qui n'ait été heureux ! C'est une figure si populaire, en effet, que celle de M. Ch. Bonniot ! Tout le monde le connaît, tout le monde l'aime ; on peut dire : tout le monde le vénère.

Comme Président du grand Conseil des Sociétés de Secours mutuels des Bouches-du-Rhône, M. Bonniot rend, depuis de longues années, à ses concitoyens des services d'un autre ordre et dont, peut-être, je trouverai l'occasion de parler.

On m'a dit que, sentant la fatigue venir avec l'âge, il songeait à la retraite. Ce serait très malheureux et pour les sauveteurs et pour les mutualistes, car il leur serait difficile de le remplacer. Par bonheur, les uns et les autres ont un sûr moyen de le détourner de cette résolution, c'est de faire « appel à son dévouement ». Avec des hommes comme lui, l'argument est irrésistible.

Et, maintenant, revenons à Chaix.

C'est au moment où il rentrait de Port-Saïd,

— après le sauvetage du 5 avril 1865, dans lequel il s'était si grièvement blessé — que le choléra se déclarait à Marseille.

Bien qu'il eût déjà, comme on le sait, accompli plusieurs sauvetages, il n'était pas encore « médaillé du gouvernement » et, conséquemment, ne faisait point partie de la Société des Sauveteurs. Il sut, nonobstant, trouver le moyen et les occasions d'être utile à ses concitoyens.

Il se cantonna dans le quartier qu'il habitait et, en dehors de ses heures de travail aux Docks, il courait partout où il apprenait que des malades indigents avaient besoin de secours.

Il avait, pour soigner les cholériques, une méthode particulière qu'il avait, paraît-il, apprise d'un chauffeur Malabar avec lequel il avait navigué.

On sait que c'est de l'Inde que nous est venu le choléra, maladie encore inconnue en Europe avant 1832.

D'après un médecin de la marine française, M. Huillet, qui a pu étudier le choléra dans son pays d'origine et de prédilection, il y existerait depuis la plus haute antiquité. A l'appui de cette assertion, il cite une légende indoue assez curieuse pour être ici reproduite :

« Dans le premier âge du monde, les hommes et les animaux n'étant point soumis à la loi de la mort, la déesse de la terre se trouva incapable de supporter le poids énorme qui l'accablait. Alors Brahma créa Câli, la déesse de la mort, et lui ordonna de tuer les êtres vivants. Câli, tremblante d'effroi, dit à Brahma : « O créateur ! vous m'avez faite femme, et un « tel ordre n'est pas en rapport avec ma « nature ! » Et, en le suppliant, elle pleurait. Brahma déclara alors à Câli que ses mains ne seraient point teintes de sang, mais que les larmes qu'elle venait de verser deviendraient autant de maladies pour les êtres vivants. Et, de ce jour, ceux-ci commencèrent à mourir des nombreuses affections engendrées par les larmes de Câli. Mais, alors Vichnou, le Dieu conservateur, fit naître un céleste médecin, du nom de Dhanwantari, auquel Sacti, la déesse de la nature, indiqua des remèdes propres à combattre les diverses maladies ».

Dans un livre sanscrit, attribué à ce médecin fabuleux, un grand nombre de maladies sont énumérées et, sous le nom de *Sitanga*, le choléra y est assez exactement décrit.

Ce n'est certainement pas le remède révélé au *Docteur* Dhanwantari par la déesse Sacti que Chaix essaya à Marseille en 1866. Il était et plus simple et plus moderne ; et, d'après ce qu'il m'en a révélé, je serais assez porté à croire que Raspail n'y est pas étranger. Qu'importe, puisque, en l'employant, il réussit à sauver la majeure partie des malades qu'il soigna.

En 1884-1885, il ne lui fut point loisible d'en faire à nouveau l'expérience. Il demeura alors attaché au bureau de la Belle-de-Mai, sous la direction des membres et des médecins du Comité Marseillais de la *Croix-Rouge Française.*

Pour sa belle conduite pendant ces tristes mois, Edouard Chaix recut : du Ministre du Commerce, une médaille d'honneur; de la Municipalité de Marseille, un diplôme; et de la Société de Secours aux blessés de terre et de mer, une médaille et un diplôme des plus élogieux.

Entre temps, et pour varier ses occupations, il sauvait quelque noyés.

Le 10 décembre 1884, vers 7 heures du soir, un matelot grec, étant venu faire de l'eau pour son bord à une fontaine du quai de la Fraternité, voulut, après avoir rempli son baril, sauter d'un bond, en le tenant, dans son canot. Celui-ci chavira et l'homme tomba à la mer. Le baril était lourd et, dans son plongeon, au lieu de le lâcher, il s'y accrocha convulsivement. Ce qu'il prenait pour une planche de salut causait sa perte, car il coula à pic jusqu'au fond, s'enfonçant dans l'épaisse couche de vase du Vieux Port.

Chaix, qui sortait de son travail, se précipita à l'eau, plongea et saisit le noyé ; mais, en dépit des plus violents efforts, il ne pouvait lui faire abandonner son baril et il lui cassa un doigt en voulant lui faire lâcher prise. Il était temps pour tous deux de revenir à l'air, le noyé était asphyxié et Chaix à bout de force.

A la suite de ce sauvetage, il reçut, le 14 février 1885, une seconde médaille d'argent de 1re classe.

Dans son numéro du 1er novembre 1886, le *Petit Marseillais* publiait ce qui suit :

Hier matin, vers 7 heures. un homme est tombé par accident dans les eaux bourbeuses du canal de la Douane. M. Edouard Chaix, chevalier de la Légion d'honneur, employé de notre journal, qui venait de prendre son service, voyant l'imminence du danger, s'est précipité à l'eau tout habillé et a été assez heureux pour le retirer sain et sauf de cette situation critique.

Il convient d'ajouter que ce sauvetage fut particulièrement pénible et ardu.

Un égout venait, encore à cette époque, se

jeter dans le canal de la Douane, à quatre ou cinq mètres de l'endroit où devait se trouver le noyé.

En plongeant dans l'eau fangeuse, Chaix n'y voyait rien et en était réduit à chercher autour de lui avec les mains ; c'était un Colin-Maillard peu récréatif. Deux fois, il dut revenir respirer et ce ne fut qu'à la troisième tentative qu'il réussit à saisir le malheureux. Quand il l'eut ramené à l'air, il se trouva en face d'une autre difficulté. Le quai était trop élevé pour qu'il pût y déposer son lourd fardeau et vainement il chercha un anneau où s'accrocher, un bateau où aborder. Il criait qu'on lui envoyât une corde et l'on n'en trouvait pas. Il sentait ses forces faiblir et le corps qu'il s'efforçait de retenir lui échapper. Il prit le parti de le remorquer, en nageant sur le dos, jusqu'à une échelle qui se trouvait à 20 mètres plus loin et, l'ayant pu empoigner, il attendit qu'on vînt à son aide. De tous ses sauvetages, celui-ci, de son propre aveu, est le seul où il ait eu peur de succomber sans avoir sauvé la personne qu'il disputait à la mort. Il lui valut une nouvelle médaille d'or de 2me classe. (Décision ministérielle du 28 août 1887).

J'arrive au dernier de ses sauvetages.

C'est encore dans les eaux immondes et

empestées du Canal de la Douane, à Marseille, qu'il eut lieu, le 12 août 1888.

Vers 6 heures du matin, un ouvrier, qui se rendait à son travail, glissa sur le quai et tomba à la mer. Sachant un peu nager et ne perdant pas son sang-froid, il se maintenait sur l'eau mais appelait à l'aide. Bien qu'il y eût foule autour de lui, personne n'était disposé à lui porter secours.

Mais quelqu'un qui connaissait Chaix et se doutait que, à cette heure, il devait être encore au *Petit Marseillais*, dont les ateliers étaient à deux cents mètres, courut en hâte le chercher.

Il arriva, tout en sueur ; mais l'homme, à bout de forces, venait de couler de l'autre côté du canal. Chaix saute, nage, plonge et, au bout d'une minute, reparait tenant le noyé par la nuque. Quand on l'eût aidé à le hisser sur le quai, comme aucun médecin n'était proche, il lui donna des soins qui le rappelèrent à la vie.

Une Médaille d'Or de 1re classe lui fût, pour la seconde fois, décernée, le 28 août suivant, par le Ministre de la Marine.

On a pu remarquer que, dans la longue liste des sauvetages et des actes de courage dont j'ai fait le récit, il ne s'en trouve point qui se rapportent à l'arrestation de chevaux emportés.

Je m'en étonnais moi-même d'autant plus

que j'avais entendu vanter l'habileté que, maintes fois, Chaix, avait montrée dans ce dangereux « exercice. »

Quand je l'ai, à ce sujet, questionné, il m'a répondu : « Arrêter des chevaux emportés, ça n'est pas chose qui doive compter. Ça a dû m'arriver sept ou huit fois, je crois bien ; mais je serais fort embarrassé de dire où, quand et comment. »

La « chose », pourtant, dut parfois lui laisser des.... souvenirs, si j'en juge par la note suivante, qui a paru dans le numéro du journal *Le Peuple* portant la date du 22 Septembre 1878, et que le hasard a fait tomber en mes mains.

Un cheval attelé à un boghey contenant trois personnes avait pris le mors aux dents en descendant le boulevard Longchamp. Le danger était imminent. Heureusement M. Ed. Chaix se jetta à la tête de l'animal et parvint à l'arrêter dans sa course vertigineuse.

M. Chaix a failli être victime de son dévouement. Traîné sur un parcours de plus de 100 mètres, il a été très grièvement blessé.

En dépit du soin que j'ai apporté à la recherche des actes de dévouement de mon héros, je demeure convaincu qu'il en est plusieurs que j'ignore.

Je crois pouvoir m'en consoler, tant est grand le nombre de ceux que j'ai pu découvrir et raconter.

Il est intéressant d'en faire la récapitulation :

1.— Le 9 mars 1853, sauvetage de deux petites filles.

2. — Le 6 décembre 1854, extinction d'un incendie dans les soutes à charbon d'un paquebot.

3.— Le 28 août 1856, délivrance d'un prêtre que des malfaiteurs allaient assassiner pour le voler.

4.— Le 5 mars 1857, sauvetage de deux hommes, en rade de Gibraltar.

5.— Le 8 octobre 1859, sauvetage de deux soldats italiens, dans la baie de Naples.

6. — Le 22 janvier 1861, sauvetage, en pleine mer, d'une jeune femme.

7.— Le 6 mai 1862, à Alexandrie (Egypte), sauvetage d'un arabe.

8. — Le 6 juillet 1862, sauvetage de deux jeunes garçons tombés à l'eau dans le port de Marseille.

9. Le 15 août 1863, sauvetage de dix-huit personnes dans le port de Naples.

10. — Mai et novembre 1864, luttes sanglantes contre des voleurs (Port-Saïd).

11.— Le 11 avril 1865, à Port-Saïd, sauvetage de deux matelots grecs.

12.— Le 27 juin 1868, à Marseille, sauvetage d'une Mère et de sa fille.

13.— Le 18 juillet 1872, à Marseille, sauvetage d'un homme.

14.— Le 20 août 1873, à Marseille, sauvetage d'un homme.

15.— Le 27 février 1874, à Marseille, sauvetage d'un capitaine américain.

16.— Le 21 août 1876, à Marseille, sauvetage de cinq personnes.

17.— Le 22 septembre 1878, à Marseille, arrestation d'un cheval emporté ; sauvetage de deux personnes.

18. — Le 19 juillet 1880, à Marseille, sauvetage de trois personnes.

19. — Le 8 juin 1881, à Marseille, sauvetage d'une femme.

20.— Le 16 septembre 1882, à Arles, sauvetage de trois femmes.

21.— Le 3 mars 1883, à Marseille, sauvetage d'un homme.

22.— Le 10 décembre 1884, à Marseille, sauvetage d'un homme.

23.— Le 31 octobre 1886, à Marseille, sauvetage d'un homme.

24.— Le 12 août 1888, à Marseille, sauvetage d'un homme.

Au total, 53 personnes sauvées !

Voici, maintenant, le relevé officiel des récompenses décernées à Edouard Chaix :

1.— 18 juillet 1872, Médaille d'argent de 2me classe.
2.— 20 août 1873, Médaille d'argent de 1re classe.
3.— 27 février 1874, Médaille d'or de 2me classe.
4.— Octobre 1876, Croix de chevalier du Nickam.
5.— 17 juillet 1880, Médaille d'or de 1re classe.
6.— Juillet 1881, Prix Montyon.
7.— 18 septembre 1881, Médaille d'argent de 2me classe
8.— 11 mai 1883, Médaille d'argent de 1re classe.
9. — 29 décembre 1883, Croix de chevalier de la Légion d'Honneur.

10.— 14 février 1885, Médaille d'argent de 1re classe.

11.— 5 février 1886, Médaille de la Croix Rouge française.

12. — 16 mars 1887, Médaille d'or de 2me classe.

13.— 10 juin 1887, Médaille de l'épidémie cholérique.

14.— 19 octobre 1888, Médaille d'or de 1re classe.

En vue de l'Exposition Universelle de 1889, un artiste peintre voulant réunir en un tableau les portraits des plus grands Sauveteurs de France, demanda au Ministre de la Marine de vouloir bien lui faire connaitre leurs noms, leurs actions d'éclat et les récompenses à eux accordées.

Par lettre du 12 décembre, le Ministre donnait satisfaction à cette demande, en faisant remarquer que, dans les états qu'il envoyait, *les sauvetages officiellement récompensés étaient seuls signalés.*

Voici, pour les cinq sauveteurs qui se trouvaient en tête de la liste, les renseignements officiellement donnés.

CHAIX, Edouard, mécanicien à Marseille. Sauvé 9 personnes. — Reçu : 1 Médaille de bronze, 5 Médailles d'argent, 4 Médailles d'or, la Croix de Chevalier de la Légion d'Honneur et 1 décoration étrangère.

GOSSIN, Charles, pilote à Dunkerque.— Recueilli et sauvé en mer les équipages de neuf navires en perdi-

tion.— Sauvé deux hommes.— A reçu : 1 jumelle, 1 lon-
gue-vue, 1 montre, 1 chaîne de montre, 3 témoignages
de satisfaction, 2 Médailles d'argent, 2 Médailles d'or,
la Croix de Chevalier de la Légion d'Honneur et 2 récompenses étrangères.

LAVIE, Charles, patron du bateau de Sauvetage de
Dunkerque.— Recueilli en mer et sauvé les équipages
de cinq navires en perdition. Sauvé trois personnes.—
A reçu : 4 témoignages de satisfaction, 2 Médailles
d'argent, 2 Médailles d'or, la Croix de Chevalier de la
Légion d'Honneur et 2 récompenses étrangères.

CHAIX, Calixte, commerçant à Marseille.— A sauvé
cinq personnes.— A reçu : 1 témoignage de satisfaction,
2 Médailles d'argent, 2 Médailles d'or et la Croix de
Chevalier de la Légion d'Honneur.

GLOANET, François, marin à Saint-Malo.— Recueilli
et sauvé en mer les équipages de deux navires en
perdition. Sauvé six personnes.— A reçu : 1 montre,
3 témoignages de satisfaction, 1 Médaille d'argent,
3 Médailles d'or et la Croix de Chevalier de la Légion
d'Honneur.

On voit, par ces notes, que les sauveteurs
du Midi n'exagèrent pas beaucoup quand ils
nomment Edouard Chaix « le premier sauveteur de France ».

Et ce ne sont pas seulement ceux du Midi
qui lui accordent considération, affection,
admiration. Sur les deux cents et quelques
sociétés de sauveteurs qui existent en France,

près de quarante l'ont inscrit parmi leurs membres d'honneur.

On le fête à Aix, à Arles, à Toulon ; on le fête à Bordeaux, on le fête à Dijon, on le fête à Saint-Etienne et, s'il pouvait répondre à toutes les invitations qui lui sont adressées, c'est par toute la France qu'on le fêterait ! Car, par toute la France, on aime les grands cœurs !

Même des sociétés étrangères aux sauvetages tiennent à honneur de lui manifester des sentiments de sympathie. Je n'en veux, comme preuve, citer que cet extrait du procès-verbal d'une des séances de la Société philanthropique des Employés des Chemins de Fer.

« Désirant témoigner sa sympathie et toute
« son admiration à Monsieur Edouard Chaix,
« grand sauveteur de France,

« Le Conseil d'Administration de la Société
« Philanthropique des Employés des Chemins
« de Fer décide de lui offrir le titre de Membre
« d'honneur de la Société et de lui adresser
« toutes ses félicitations pour le courage civique
« qu'il a montré en maintes circonstances en
« arrachant à la mort un grand nombre de
« personnes.

« La Société sera fière de compter au nom-
« bre de ses membres d'Honneur un exemple

« vivant de la plus haute philanthropie et d'un
« dévouement sans égal pour ses semblables ».
(Séance du 10 Octobre 1896).

Il serait facile de produire ici une série de
documents de même nature : mais ce serait
superfluité.

Je ne saurais mieux clore l'énumération des
sauvetages de Chaix qu'en reproduisant le
récit rimé qui en a été fait, par M. Paul Rou-
quet, à la fête des anciens sous-officiers et
soldats de Salon, le 6 octobre 1895. Ce sera le
poëtique résumé de tout ce qui précède.

Il n'avait pas quinze ans — bel âge d'espérance,
Où le jeu, d'habitude, est le plus grand souci ;
Mais lui déjà savait ce qu'était la souffrance,
Car sa mère était morte, hélas ! son père aussi...
Et dans son cœur aimant fait pour les grandes choses,
Malgré son double deuil et son isolement,
Germait, à son insu, comme naissent les roses,
    La douce fleur du dévoûment !

Au feu !... De toutes parts la foule accourt, pressée,
Car il faut se hâter... l'incendie est à bord
D'un navire qui peut — ô terrible pensée ! —
Brûler tous les vaisseaux qui sont là, dans le port...
Le jeune sauveteur, encore sans moustache,
Calme comme un héros, que rien ne surprendrait,
Dit simplement ces mots : « Vite ! que l'on m'attache :
    Dans la soute je descendrai ! »

Et son frère jumeau le tient par la ceinture...
Il descend, courageux, et sans même songer
Qu'il peut trouver la mort en pareille aventure :
Il est déjà de taille à braver le danger !
Oui, certes, il le faut, il vaincra l'incendie,
Mais hélas ! loin d'avoir un retour triomphant,
On le remontera brûlé, presque sans vie,
  Et tous diront : « Sublime enfant ! »

Ce n'est que le début d'une noble carrière,
Dont le saint dévoûment tient plus de la moitié !
Il va d'un pas égal et sans voir en arrière,
Heureux d'avoir partout l'estime et l'amitié.
Car ceux qu'il a sauvés au péril de sa vie
Savent que ce grand cœur jamais ne faiblira ;
Qu'il a comme une soif toujours inassouvie
  De sauver tous ceux qu'il pourra !

Tantôt c'est un vieillard, qu'au détour de la route
Guettent des assassins, pour le dévaliser !
Tantôt c'est un baigneur, qui périrait sans doute,
Car les flots furieux, aux rocs, vont le briser !...
Ici, c'est un canot que le vent, dans sa rage,
Fait chavirer soudain avec sa cargaison
D'hommes, qui n'ayant plus d'espoir ni de courage,
  Ont vu la mort à l'horizon !...

Ici, c'est des enfants qu'il arrache à la tombe
Que la mer, sans pitié, vient de creuser pour eux !...
Là, c'est un étranger qui dans un fleuve tombe :
Tous ont les mêmes droits pour son cœur généreux.
Ce sont des Italiens, des Grecs... Il a dans l'âme,
Cet amour qui confond toute l'humanité !
Et de ces malheureux, dont la voix le réclame,
  Pas un qui ne soit écouté !...

Oh ! Voyez ! Dans les flots une jeune imprudente
Glisse en voulant courir après je ne sais quoi...
Sa mère la saisit par sa robe... impuissante,
Elle tombe avec elle... et, tout saisi d'effroi,
Le père saute aussi dans la vague profonde...
Tous les trois sont perdus... il ne sait pas nager...
Qu'importe ? Il ne veut pas demeurer seul au monde,
      S'il ne les sauve du danger !...

Mais ils ne mourront pas ! Plus prompt que la pensée,
Le hardi sauveteur, en entendant leurs cris,
S'est jeté d'un seul bond dans l'onde courroucée,
Qui voudrait, pour toujours, garder ceux qu'elle a pris !
En vain elle rugit, en frappant le rivage ;
Elle meurtrit en vain son front sur le rocher :
Fût-ce au prix de son sang, à cette mer sauvage,
      Il saura bien les arracher !

Oh ! moment de bonheur qui récompense un homme
De tout ce qu'ici-bas il put faire de grand !
Chacun veut l'embrasser et chaque voix le nomme ;
On l'acclame, on le fête ainsi qu'un conquérant !
Et lui, toujours modeste et bon, à cette foule,
A tous ces inconnus, qui viennent pour le voir,
Répond en essuyant une larme qui coule :
      « Ce n'est rien ! J'ai fait mon devoir ! »

Pour faire aussi le mien, je tresse une couronne
A ton front rayonnant de gloire et de bonheur !
Car je te vois encore là-bas, au bord du Rhône,
Où ton courage enfin conquit la Croix d'Honneur !
Le fleuve, mugissant, roulait son flot immense...
Trois femmes se noyaient... C'est toi qui les sauvas !...
Toi qu'elles ont béni comme leur Providence,
      Seul triomphe que tu rêvas !...

Ah ! cette Croix d'Honneur qu'on voit sur ta poitrine...
Ces Médailles d'Argent, d'Or, brillant à côté,
Et le prix Monthyon, si beau, qui les domine,
C'est bien à toi, cela, car tu l'as mérité !
Quand tu viens à passer avec tous ces insignes,
On murmure tout bas, d'un air admirateur :
« Des braves Marseillais, voilà l'un des plus dignes,
        C'est Edouard Chaix, le sauveteur !

VII

» Le Livre des Sauveteurs. » —
Appareil de Sauvetage. — Le prix Edouard Chaix.

Edouard Chaix ne sachant point écrire, je
ne peux pas dire qu'il a *écrit* un livre ; mais
il en a conçu, ordonné et *dicté* un dont je
ne saurais omettre de parler.

Il a pour titre : *Le Livre des Sauveteurs* et
pour but de « fournir aux hommes courageux
quelques moyens de secourir leurs semblables aux prises avec un danger. »

Après ce qu'on a lu dans les pages qui pré-
cèdent, on doit reconnaître que nul ne pouvait, mieux que notre grand sauveteur, traiter
un tel sujet en connaissance de cause. Il l'a
fait. non en théoricien, mais en praticien
expert.

Je ne sache pas qu'il ait été, à ce jour, publié
rien qui ressemble à ce travail et j'eusse désiré

pouvoir l'intercaler ici dans le mien. Son étendue ne me le permet pas.

Le Livre des Sauveteurs, en effet, — très méthodiquement divisé et rempli de figures qui en facilitent l'intelligence, — comprend quatre parties également importantes. La première traite de *la natation* ; la seconde du *sauvetage des noyés* ; la troisième des *Sauvetages sur terre* ; et la quatrième est un instructif *Résumé des soins à donner aux noyés, aux asphyxiés, aux blessés, etc.*

Par ce sommaire, on peut juger de l'importance de l'ouvrage.

Je voudrais, — ne fût-ce que pour donner à un éditeur l'idée de l'imprimer — en faire une fidèle analyse.

DE LA NATATION

I.— « Tous les animaux nagent naturellement ; l'homme le pourrait comme eux si la peur que fait naître en lui le sentiment du danger ne le paralysait. La natation est évidemment plus utile à un homme que l'escrime, la gymnastique ou l'équitation. Pour nager, il suffit de volonté et de sang-froid.

II.— « On doit s'exercer en un endroit où.

ayant pied de façon à ce que l'eau arrive aux basses côtes, la certitude de ne courir aucun danger dissipe toute crainte. En s'élançant les bras étendus et en se laissant glisser sur l'eau, on se sentira flotter. Alors, sans aucune précipitation, on opèrera méthodiquement les mouvements qui doivent permettre de se maintenir sur l'eau et d'avancer. On en aura une excellente théorie si l'on a examiné ceux d'une grenouille qui nage. Il faut : rapprocher les bras du corps, les mains sous le menton, paume contre paume ; replier les jambes de façon que, les genoux étant éloignés l'un de l'autre, les talons touchent les fesses ; détendre simultanément les jambes et les bras, en écartant.un peu les pieds et en tenant toujours les mains l'une contre l'autre pour faire flèche dans l'eau : puis, ramener bras et jambes dans leur première position. Dans l'extension des jambes, le pied ne doit pas s'allonger, mais former avec le mollet un angle droit. Dans la rétraction des bras, la paume des mains doit être en dehors et le bras demeurer étendu, en formant un quart de cercle, pour ne se replier que quand il se trouve dans l'axe de la poitrine. Les jambes doivent être bien dans l'eau et le corps immergé à l'exception de la tête qu'il faut tenir fortement relevée.

III.— « Quand on sait avoir pied et qu'on se sent fatigué, il suffit, pour se redresser dans l'eau, de ramener et de courber les jambes sous l'abdomen et de repousser vivement l'eau avec les mains. Quand, se sentant sûr de soi, on s'avance jusqu'à perdre pied, il faut prévoir deux choses : la fatigue et les crampes. Quand on sent la fatigue, rien n'est aisé comme de se reposer. Par une brusque secousse, on se retourne sur le dos, on s'allonge immédiatement, on raidit le corps, (sans se préoccuper de l'eau qui pénètre dans les oreilles et du désagréable bourdonnement qu'elle cause); on reste immobile si l'on est en eau de mer; et si, au contraire, on est en eau douce, on agite un peu les mains en « battant l'eau. » Les crampes, qui, en contractant les muscles, rendent les mouvements impossibles, sont à redouter. Elles s'annoncent toujours par une subite sensation de froid à l'estomac. A cet avertissement, il faut sortir de l'eau si on a pied, ou faire immédiatement la planche sans remuer, jusqu'à ce que la crise soit bien passée. — Si, en faisant la planche, on veut avancer, on ne le peut faire qu'à reculons. Pour cela, on porte les bras, sans secousse, en arrière de la tête : en même temps, on rapproche les jambes du corps, de façon à ce que les genoux s'écartent et que les talons se rapprochent. Par une secousse vive, on repousse l'eau avec les pieds. en redressant les jambes, et avec les mains, en rapprochant les bras — toujours tendus — jusque sur les côtes. Il faut, dans cet exercice. s'assurer auparavant que l'on a, par derrière. ni épaves, ni rochers, ni d'autres nageurs contre lesquels on puisse donner de la tête.

IV. — « On n'est un bon nageur qu'à la condition de savoir bien plonger. La chose est sans difficulté et demande seulement prudence et sang-froid. On ne doit jamais plonger sans connaître la profondeur de l'eau à l'endroit où on veut le faire. Quand elle est peu profonde, il ne faut pas plonger à pic, ni les pieds en bas, mais les bras en avant et obliquement. en biais. Le plongeur doit avoir toujours les yeux ouverts ; au début, la sensation est désagréable, mais on s'y habitue vite et la vue n'en peut aucunement souffrir. On ne doit, évidemment, s'essayer au plongeon que quand on sait bien nager. Le plongeur, au moment de se jeter à l'eau, aspire l'air à pleins poumons et, une fois sous l'eau, le renvoie peu à peu, en soufflant vigoureusement pour éviter l'entrée de l'eau dans la bouche. Avec un peu d'efforts, on s'habitue à pouvoir rester

une minute et demie et plus avant de remonter
à la surface.

V.— « Il est parfois très utile au nageur de
pouvoir se tenir perpendiculairement dans
l'eau. Il suffit pour cela de ramener les genoux
contre le ventre, en écartant un peu les jambes,
ainsi que les bras et d'agiter un peu les mains
à plat sur l'eau. Pour tourner à droite ou à
gauche en cette position, on n'a qu'à présenter
la paume de la main opposée au côté où l'on
veut tourner : c'est ce que fait un navire au
moyen de son gouvernail.

VI.— « Lorsqu'on se trouve dans l'obligation de nager dans un endroit où là mer est
« grosse », violemment agitée, il ne faut jamais
faire face à la vague, mais se placer parallèle-
ment à elle, en lui présentant, de préférence,
le côté droit et en tournant la face dans le sens
opposé pour qu'elle ne coupe pas la respiration.
C'est dans ce cas surtout qu'il est important
de ne pas précipiter les mouvements.

VII.— « Quand on nage en rivière, il peut
arriver qu'on tombe dans un *tourbillon*. S'il
est faible, on peut s'en sortir en se mettant
sur le dos, les pieds vers le centre, et en s'éloignant de celui-ci par des secousses robustes,

comme il a été indiqué plus haut. (*Paragraphe III — Moyen d'avancer en faisant la planche*). Si, au contraire, le tournoiement de l'eau est violent, il faut, en conservant sa pleine présence d'esprit, se laisser couler. Plus il approche du fond, moins le tourbillon a de force ; au fond il l'a complètement perdue. Lorsque on sent le fond, d'un vigoureux coup de pied, on remonte, non à pic bien entendu, mais assez obliquement pour se trouver, à la surface, en dehors de l'attraction du tourbillon. Si la profondeur est trop grande, il faut tenter de nager entre deux eaux, à une profondeur où le tourbillon ait perdu une partie de sa force, et remonter après s'en être suffisamment éloigné.

VIII. — « Quand on nage dans une rivière dont le courant est rapide, il est aisé de descendre ; on n'a qu'à exécuter un mouvement tous les 4 ou 5 mètres. A vouloir remonter le courant, le plus souvent on s'épuise, on se fatigue et l'on s'expose sans y pouvoir réussir. Le plus simple alors est de gagner la rive en suivant le courant et de le remonter ensuite sur le bord pour se remettre à l'eau en amont de l'endroit où l'on veut aller. »

DU SAUVETAGE DES NOYÉS

I.— « Tout le monde est exposé à tomber à l'eau ; mais, avec un peu d'expérience et beaucoup de sang-froid, personne ne se noierait. Celui qui, ne sachant pas nager, tombe à l'eau peut se tenir à la surface assez de temps pour qu'on le vienne secourir. Si c'est en eau douce, — qui *porte* moins bien que l'eau de mer, — il doit, après avoir respiré à pleins poumons et avant de renvoyer l'air aspiré, recourber les jambes sous l'abdomen et les écarter en les portant un peu en avant, puis tenir les bras un peu allongés et assez près du corps ; remuer, légèrement mais sans s'arrêter, les mains en les tenant horizontalement dans l'eau ; relever la tête en arrière ; respirer vite, garder l'air dans la poitrine le plus longtemps possible ; le rejeter et le reprendre vite. Dans l'eau de mer, la chose est plus facile ; il suffit de se mettre sur le dos, le corps raidi, les jambes se touchant bien, les bras étendus le long du torse, les doigts bien rapprochés, les mains à plat sur l'eau et la battant légèrement.— La personne qui tombe à l'eau, en pleine mer, d'un navire qui fait route, ne doit pas s'épuiser en de vains efforts pour rejoindre le bord ; elle n'a qu'à tâcher de se tenir « sur l'eau », par l'un des moyens indiqués ci-dessus, en attendant qu'on vienne à son secours, soit par une bouée de sauvetage qu'on doit s'empresser de lui jeter, soit par un canot du bord promptement mis à l'eau, soit grâce au dévouement d'un sauveteur ; et il y en a toujours dans nos équipages.

II.— « Se jeter à l'eau pour sauver quelqu'un quand on ne sait pas nager, c'est de l'héroïsme mais un héroïsme téméraire et aveugle, du dévouement fatalement stérile et qui, le plus souvent, fait deux victimes au lieu d'une. Si le sauveteur ne tentait un sauvetage qu'autant qu'il en aurait supputé les dangers et se serait convaincu qu'il le peut mener à bien sans s'exposer, ce ne serait plus du dévouement ; mais là où le calcul et la réflexion doivent intervenir, c'est dans le choix des moyens les plus propres à assurer le succès du sauvetage tenté. Les premières qualités nécessaires au sauveteur sont donc : l'habitude de la natation, le sang-froid et la décision.

III.— « Comment une personne qui tombe à l'eau se comporte-t-elle ? Cela dépend de son tempérament, de son sexe et de l'endroit où elle tombe. Les gens obèses, corpulents surnagent plus longtemps que les maigres ; l'homme qui tombe à l'eau habillé coule plus vite qu'une femme habillée, parceque les vêtements qu'elle porte, en Europe tout au moins, la soutiennent mieux sur l'eau. On a observé que la femme résistait plus longtemps que l'homme à l'immersion. Toute personne qui tombe à l'eau commence par s'agiter ; puis, après avoir bu quelques gorgées d'eau, elle perd connaissance et devient inerte. Mais, dès qu'elle sent quelque chose qui la heurte, elle s'y accroche instinctivement, convulsivement et ne lâche plus. Le noyé coule presque toujours verticalement les bras et les jambes ballants, la tête tombant sur la poitrine. Un noyé ne s'enfonce jamais dans l'eau à plus de neuf mètres. Ces détails ne doivent pas être ignorés d'un sauveteur.

IV.— « Le sauvetage d'un noyé ne peut pas s'opérer de même façon en mer et en rivière, et, non plus, en pleine mer et sur une plage.

« Lorsque, en pleine mer, quelqu'un tombe à l'eau d'un navire en marche, le premier qui s'en aperçoit donne l'alarme. Pendant que l'un jette une bouée de sauvetage ; qu'un autre, dans les hunes ou sur les barres, suit la direction où, en s'éloignant, le navire laisse la personne en danger ; que, d'autre part, on met à l'eau un canot, l'officier qui commande fait « stopper » si c'est un vapeur, ou « virer de bord » si c'est un voilier. Il est bien rare que, parmi les hommes de l'équipage, il ne s'en trouve pas au moins un qui, spontanément, se jette à l'eau pour tenter le sauvetage.

« Comment, pour le réussir, doit-il procéder ?

« S'il s'est écoulé peu de temps depuis la chûte dans l'eau et que celui que l'on veut sauver ait conservé sa présence d'esprit, il n'y a qu'à s'approcher de lui, à lui prendre, avec la main gauche, la main droite et à nager avec lui vers le navire arrêté ou le canot mis à l'eau. Si, au contraire, il a commencé à couler, il faut plonger à peu près à l'endroit où il a disparu et le chercher, ce qui est facile dans une eau claire et sans courant. On se dirige vers lui de manière à se trouver en dessous de lui ; on le pousse vigoureusement vers le haut en le suivant et, une fois à la surface, on l'approche avec précaution, par derrière; et, du bras gauche tendu, on le saisit par la nuque ou par le dos de ses vêtements. En procédant ainsi, le sauveteur ne risque pas d'être accroché au corps ou aux jambes par le noyé et il conserve le libre usage de son bras droit, de ses jambes, de ses moyens de nager.

« Au risque de révolter la sentimentalité de certaines gens, il faut dire que, pour ne pas s'exposer à être paralysé et emporté par la personne qu'il veut sauver, le sauveteur agira sagement en ne s'approchant d'elle que quand il sera certain qu'elle a perdu ses forces et est complètement inerte.

« Quand il s'agit du sauvetage d'une personne qui se noie sur une plage, la chose offre moins de difficultés. Il suffit que le sauveteur soit exactement renseigné sur l'endroit où elle a disparu ; il plonge et, la saisissant par les cheveux si c'est une femme et par les pieds si c'est un homme, — toujours avec la main gauche, le bras tendu, — il n'a qu'à la ramener sur le rivage.

« Quand c'est en rivière qu'il lui faut opérer, le sauveteur doit, sur la berge, descendre rapidement pour avoir le temps de se jeter à l'eau et de saisir au passage la personne qui se noie et que le courant entraîne. Il lui faut comme en mer, la saisir par derrière avec la main gauche, le bras toujours tendu et suivre le fil de l'eau en se rapprochant de la rive, où il la déposera.

« Dans certains ports et, en temps d'inondation, dans les fleuves et rivières, les eaux sont à ce point troubles que le plongeur ne voit rien. Pour trouver une personne qui s'y noie et a coulé, il faut que le sauveteur tâtonne et fouille au hasard dans tous les sens. Il doit, pour plonger et nager sous l'eau, ne se servir que du bras droit et tenir toujours le bras gauche tendu de façon à pouvoir, de la main du même côté, soit pousser à la surface, soit agripper par derrière le noyé.

V.— « Beaucoup de puits, dans les bourgades et les villages, sont si défectueusement établis, que, très fréquemment, des femmes, des enfants y tombent.

« Les sauvetages dans les puits présentent de grandes et nombreuses difficultés. La première est de se procurer promptement des cordes à nœuds pour opérer vite et sûrement la descente. La seconde naît du délabrement des murs du puits, qui peuvent, au moindre choc, s'ébouler. Une troisième est la présence de gaz délétères et mortels qui se trouvent dans un grand nombre de puits abandonnés.

« Avant de descendre, le sauveteur doit s'informer si l'on tire et si l'on boit de l'eau du puits ; dans l'affirmative, il n'a pas à craindre la présence des gaz. Si le puits, au contraire, est abandonné, il devra descendre, dans un seau, une bougie ou une lampe jusqu'au fond. Si la lumière s'éteint, c'est que les gaz existent et il faut commencer par les dissiper, en jetant violemment plusieurs seaux d'eau, descendre à nouveau la lumière et au besoin, répéter l'opération plusieurs fois, jusqu'à ce que la flamme persiste au fond du puits. On n'a plus alors à craindre l'asphyxie. Si, au contraire, on ne réussit pas à dissiper les gaz assez rapidement, il est inutile de se presser de descendre, car celui qui est dans le fond est certainement asphyxié.

« A défaut de corde à nœuds, le sauveteur se fera attacher solidement, avec une corde ordinaire par la ceinture et descendre par la poulie, s'il y en a une. Il aura soin de ne pas heurter les parois du puits. Arrivé au fond. si la victime surnage, il l'attachera avec une seconde corde, qu'il se sera fait jeter, et il n'y aura plus qu'à la remonter. Si, au contraire, la personne tombée dans le puits a coulé, le sauveteur plongera et la cherchera, le bras gauche tendu, — toujours gardant son bras droit libre, — l'amènera à la surface. l'attachera par dessous les épaules et recommandera aux personnes qui sont en haut de la retirer vite mais sans secousses.

DES SAUVETAGES SUR TERRE

I. — *Incendies.* — « Il est impossible de donner des conseils sérieusement pratiques pour les sauvetages dans les incendies ; il faudrait, pour cela, prévoir les divers cas de danger qui peuvent se présenter et, comme ils varient à l'infini, que chaque sinistre offre les siens, nul ne peut les prévoir. C'est aux sauveteurs à aviser, en présence des conditions dans lesquelles il leur faut agir, aux plus sûrs moyens de mener leur entreprise à bonne fin.

« Dans la plupart des incendies, le sauvetage des personnes ou des objets de valeur ne peut être utilement tenté qu'autant que l'on est muni de divers appareils que seuls possèdent les corps de sapeurs-pompiers. Ces corps sont maintenant organisés dans la plupart des villes et l'on sait que leur dévouement égale leur adresse.

« Toutefois, en attendant leur arrivée sur le lieu du sinistre, il est certaines mesures que peuvent prendre les particuliers.

« La première chose à faire, quand le feu prend dans une chambre, ou dans toute autre pièce d'un appartement, c'est d'éviter qu'un courant d'air s'établisse ; il faut promptement fermer les portes et les fenêtres et au besoin les calfeutrer, boucher les cheminées bien hermétiquement. Cela fait, si l'on a, par bonheur, du soufre en poudre sous la main, on en jette sur les meubles et les tentures que le feu consume ou qu'il menace. Si l'on n'a point de soufre, il faut arracher les tentures, jeter sur le foyer des couvertures de laine et, ensuite de l'eau. Si le feu est occasionné par l'éclat ou la chûte d'une lampe à pétrole, on jettera sur le foyer du sable ou des cendres, ou mieux encore du lait si on en a.

« Lorsque, pour sauver quelqu'un ou quelque chose, on veut pénétrer dans une pièce en feu, on doit préalablement se faire *tremper* de la tête aux pieds avec quelques seaux d'eau, s'envelopper les mains, ainsi que le cou et le bas de la figure jusqu'au dessus de la bouche, de linges bien mouillés : faire, enfin, au moment d'y pénétrer, une ample provision d'air en respirant à pleine poitrine.

« Mais ce sont là des précautions qu'il est presque oiseux de conseiller, tant elles sont naturelles. »

II. — *Asphyxies par les gaz délétères.* — «On donne communément — mais pas toujours exactement — le nom d'asphyxies aux intoxications par les gaz délétères : acide sulfureux, vapeurs nitreuses, gaz des fosses d'aisances et des égouts, gaz d'éclairage, gaz des cuves à fermentation.

« Quand une personne, respirant un de ces gaz, subit un commencement d'asphyxie, la première chose à faire est de la soustraire au milieu délétère ; mais, si elle se trouve dans une fosse d'aisance, dans un égout, ou dans un lieu d'où on ne la puisse très promptement tirer, il faut, avant de tenter le sauvetage, dissiper les gaz vénéneux ou asphyxiants et les remplacer par un air respirable. Autrement, le sauveteur s'exposerait à tomber, asphyxié à son tour, auprès de la personne qu'il espérait sauver et il y aurait ainsi deux victimes au lieu d'une. Comment dissiper les gaz délétères et les remplacer par de l'air respirable dans un lieu clos comme une fosse d'aisance ? Jeter de l'eau, comme il a été dit à propos des sauvetages de gens tombés dans des puits, ne servirait pas à grand chose.

« Le plus simple moyen est de jeter de l'eau de javelle, non de haut en bas ce qui ferait dégager plus de gaz mauvais, mais par côté, de façon à pénétrer la partie au dessus des matières, l'espace où le gaz est accumulé.

«Le sauveteur doit procéder avec une extrême promptitude à l'enlèvement de la personne tombée dans la fosse.

« Dès qu'elle en est sortie, l'exposer au grand air, en lui mettant avec précaution sous le nez une compresse chlorée, composée d'une toile pliée en quatre, trempée dans du vinaigre et dont on fait une sorte de sachet que l'on remplit de chlorure de chaux.

« On met cette compresse sous le nez du malade pendant que dure l'asphyxie.

« On peut également lotionner les narines avec une dissolution composée de chlore. chlorure de soude et chlorure de chaux ; asperger la figure avec de l'eau vinaigrée froide.

« Enfin couvrir de sinapismes les bras et le bas des jambes.

« C'est la méthode recommandée par le docteur Bouchardat. »

III.— *Chevaux emportés.*— « Les accidents que causent les chevaux emportés sont nombreux et presque toujours graves. On a, pour arrêter et maîtriser un cheval emporté, inventé et essayé une foule d'appareils qui, tous, ont été successivement préconisés et abandonnés.

« Jusqu'à ce jour, ce qui a le mieux réussi,

c'est l'intervention d'hommes courageux. Le cheval le plus fougueux, même dans ses emportements, subit l'empire de l'homme. Mais, pour exercer cet empire, il faut que l'homme réunisse trois choses : une grande énergie dans le regard, une indomptable volonté, une force musculaire supérieure. Pour arrêter un cheval emporté, il faut l'attendre de pied ferme, à une distance de quelques mètres, le regarder fixement dans les yeux, exercer sur lui une véritable action magnétique, une sorte de fascination, s'élancer ensuite résolument à sa tête et, en saisissant les rênes, la lui soulever vigoureusement, ce qui lui fait perdre l'équilibre et, par suite, sa force principale. Il faut, en même temps, le saisir par les naseaux, les lui serrer assez fortement pour qu'il ne puisse respirer. Ceci est un point capital, essentiel, dont l'oubli ou l'insuffisante exécution accroîtrait la force de résistance et l'emportement de l'animal ».

II.   *Taureaux et Bœufs affolés.*— « Le taureau est un très redoutable animal ; fort heureusement, on le garde à la ferme et on le rencontre rarement dans les chemins. Il n'en est pas de même des bœufs ; pour l'alimentation. on les amène, par bandes et souvent nombreux, aux boucheries ou aux abattoirs, ils traversent les rues et, assez souvent, affolés par les mauvais traitements des bouviers, ou par le bruit et l'agitation des voies publiques, ils font courir aux passants de réels dangers. A Marseille, où des navires amènent et débarquent des bœufs d'Afrique, de Sardaigne, de la Camargue, ces accidents sont plus fréquents que partout ailleurs.

« Quand un taureau furieux ou un bœuf affolé se précipite, ses terribles cornes abaissées, pour éventrer quelqu'un, l'unique mais infaillible moyen de l'arrêter est de lui jeter sur la tête une couverture ou un morceau d'étoffe épaisse assez large pour lui couper la vue. L'animal, non seulement n'avance plus, mais tout aussitôt recule. C'est le moment qu'il faut saisir pour lui entraver les jambes avec des cordes et le maitriser.

SOINS A DONNER APRÈS UN SAUVETAGE

I.— « Pour réellement *sauver* l'homme qui est en danger de mort, il ne suffit pas de le sortir de l'eau, du feu, d'un milieu délétère, etc., il faut ensuite, la mort ayant déjà partiellement fait son œuvre, le rappeler à la vie. A quoi servirait le dévouement du sauveteur si le sauvé ne recevait pas les soins immédiats sans lesquels il ne peut reprendre ses sens ? Or, en dehors des médecins et des pharmaciens, bien peu de gens sont à même de donner ces soins. C'est au sauveteur qu'il appartient d'achever son œuvre ; mais il faut, pour cela, qu'il connaisse les secours à donner suivant les cas.

II.— *Secours aux noyés.* — « Débarrasser la bouche, la gorge, les narines des mucosités qui les obstruent et empêchent de respirer.— Faire sortir l'eau qui peut se trouver dans les voies respiratoires, en plaçant le noyé sur le ventre, la tête un peu basse. — Frictionner très vigoureusement tout le corps. — Réchauffer les membres par tous les moyens possibles. — Insuffler de l'air dans les poumons, avec la bouche ou un soufflet et, en même temps, par la pression des mains sur la poitrine, favoriser les mouvements naturels de la respiration. — Faire passer sous le nez du noyé, de l'amoniaque (alcali volatil) étendu d'eau. — Il est quelquefois nécessaire de faire vomir — C'est au médecin seul qu'il appartient d'en décider. — Ces manœuvres doivent être pratiquées avec persévérance et sans interruption, car la vie met parfois plusieurs heures à revenir.— Les médecins modernes professent qu'un excellent moyen pour rétablir la respiration chez les noyés consiste à saisir la langue et à la tirer, lâcher et retirer brusquement, pendant un certain temps.

III.— *Asphyxiés par des gaz et vapeurs délétères.* — « En cas d'asphyxie par le charbon, on ouvre les portes, les fenêtres ; on établit un fort courant d'air : on frictionne fortement ; on insuffle de l'air ; on asperge le corps d'eau froide vinaigrée ; on fait passer sous le nez une allumette soufrée en combustion ; on irrite les narines avec les barbes d'une plume. — Il est parfois utile de donner un lavement tiède vinaigré et salé.— Une saignée est souvent opportune et on obtient de bons résultats de l'emploi d'un courant électrique d'une main à l'autre.

« Dans les cas d'asphyxie par les gaz des fosses d'aisance ou des égouts, il faut procéder comme il a été dit plus haut. »

APPAREIL DE SAUVETAGE ET DE NATATION

INVENTÉ PAR ÉDOUARD CHAIX

« Le Livre des Sauveteurs » contient encore de nombreuses recettes contre la rage, contre la morsure des serpents venimeux, etc., qu'il serait difficile de résumer et qui sont ou vulgarisées ou surannées. Mais j'y trouve la très intéressante description d'un appareil de natation et de sauvetage inventé et expérimenté, avec un complet succès, par Edouard Chaix.

Cette description a ici sa place marquée ; je la transcris fidèlement ; une figure en facilitera l'intelligence.

Dans le Congrès international de sauvetage tenu à Marseille, en octobre 1878, il fut donné connaissance d'un «appareil de natation et de sauvetage inventé par M. Edouard Chaix». Une commission fut nommée avec mandat de procéder à des expériences sur la valeur de cet appareil. Elles furent des plus concluantes.

C'est un maillot qui revêt le corps des pieds jusques au cou et qui est fait d'une toile imperméable doublée d'une mince feuille de caoutchouc. Son poids, avec les cordes, tubes, poches et autres appareils nécessaires à son fonctionnement, est de 3 kilogrammes. Il est donc facile à transporter. On peut y adapter un casque d'une fabrication spéciale, qui en fait un véritable scaphandre.

L'appareil est muni de poches à air, au nombre de six, ainsi placées : 2 sur la poitrine, 2 sur le dos et une sur chaque jambe. Chaque poche, imperméable comme le reste de l'appareil, est munie d'un petit tuyau en caoutchouc dont l'extrêmité est fermée par une soupape à vis, et qui peut, ainsi, être aisément gonflée d'air ou vidée. En gonflant telle ou telle paire de poches, le nageur peut prendre dans l'eau la position qui lui convient et se maintenir sans efforts à la surface. Quand les poches des jambes sont vidées, les autres étant pleines d'air, le corps se tient perpendiculairement, l'eau ne montant qu'à la ceinture. Lorsque les poches du dos sont vides et les quatre autres gonflées, le nageur fait la planche forcément. En vidant celles de la poitrine et celles des jambes, on est dans la position pour nager et, en nageant, on peut, sans couler, supporter un poids assez lourd, le corps d'un noyé par exemple. Si l'on veut plonger, on se met aux pieds, des « semelles » de plomb, tout en conservant l'une des deux poches de la poitrine pleine d'air. Cet air peut servir à respirer pendant qu'on est sous l'eau. Quand on veut remonter, il suffit de presser un ressort adapté à la ceinture, les semelles quittent les pieds et restent suspendues à la corde qui, elle même attachée à la ceinture du plongeur, a servi à le descendre ; aussitôt celui-ci remonte à la surface, grâce à la poche d'air.

Cet appareil, établi par M. Edouard Chaix, avec le concours de son frère Calixte, a été expérimenté, par eux deux, en mer et en rivière. C'est ainsi qu'ils sont descendus, par le Rhône, d'Avignon à l'embouchure et de là à Marseille en traversant le golfe.

Edouard Chaix a fait, seul, maintes autres excursions: celle de Planier (1), celle de Niolon (2) et plusieurs autres aussi éloignées.

L'appareil a constamment bien fonctionné et les expériences ainsi faites ont démontré que, quelque fût l'état de la mer, il rendait facile et sûre la natation, dans toutes ses applications (3).

L'appareil Chaix a été employé pendant plusieurs années et a rendu d'incontestables services.

Dès lors, on peut se demander pourquoi l'emploi ne s'en est point répandu, pourquoi aujourd'hui on ne s'en sert plus ?

Il est arrivé à Chaix ce qui — en France surtout — arrive à quatre-vingt-quinze pour cent des inventeurs. Il n'a pas eu les moyens financiers de *lancer son affaire* et il n'a pas su

---

(1) Le phare de Planier est situé à 8 milles (14 kil. 816) au sud-ouest du port de Marseille.

(2) Point du littoral à 5 milles de Marseille.

(3) On lit dans le *Petit Marseillais* du 23 juillet 1878 :

« Les frères Chaix, dont nous avons déjà parlé à l'occasion de la traversée qu'ils firent, il y a eu dimanche huit jours, de Planier à la Cannebière, à l'aide de l'appareil en toile qu'ils ont inventé, ont renouvelé avant-hier leur expérience. Partis à quatre heures de l'après-midi de Niaulon, ils ont traversé le golfe à la nage et sont venus débarquer à six heures et demie à la grande jetée, où un grand nombre de personnes qui les attendaient ont accueilli leur arrivée par des applaudissements unanimes. Le Capitaine Boyton a décidément des émules. »

mettre la main sur un..... *exploiteur de son invention.*

Dieu me garde d'oublier de parler du *prix* qu'il a fondé à l'intention « de ceux qui, par « de bonnes actions ou des actes de courage « et de dévouement ont contribué au bien- « être de l'humanité ».

Certes, en fait de bonnes actions, en fait de courage et de dévouement, Edouard Chaix est, sans conteste, un juge compétent, expert, infaillible. Quand il dit : « un tel est brave, un tel est bienfaisant, un tel est humain », on peut l'en croire ! Aussi, le « prix Chaix » est-il, parmi les sauveteurs, apprécié, prisé et recherché, d'autant que son fondateur, ne le voulant accorder qu'à bon escient, n'en est point prodigue.

VIII

Infirmités et privations. — Tristesses et inquiétudes.
La Mutualité et son avenir. —
Le Sauvetage du Sauveteur.

Si, depuis le 12 août 1888, Edouard Chaix n'a plus accompli de sauvetages, ce n'est point, nul n'en peut douter, que le dévouement ait en lui faibli. Non ; ce ne sont pas les énergies morales qui, dans cet homme héroïque, ont décliné ; ce sont les forces physiques.

D'ordinaire, à cinquante ans, un homme n'est ni vieux, ni invalide ; mais celui qui, comme Chaix, a constamment joué sa vie en des périls variés doit s'attendre à des infirmités..... précoces, à une vieillesse prématurée. Les brûlures, les brisures de côte, les fêlures de crâne, les fractures de jambes, les cassures de bras, les blessures de revolver, les froidures de bains pris en transpiration, et autres dures aventures détériorent singulièrement la machine humaine la mieux constituée.

Aussi ne faut-il pas s'étonner que Chaix, s'étant bénévolement attiré tous ces désagréments, ait vu venir plus tôt que le commun des mortels les impotences, les *invalidités*.

Si les années comptent double pour le soldat en campague, elles doivent compter triple pour un sauveteur comme lui.

De bonne heure, les rhumatismes lui tenaillèrent les membres, lui engourdirent les muscles et, comme il arrive fréquemment, se compliquèrent d'ophtalmies.

Il se trouva bientôt incapable de continuer à diriger des machines ; l'administration du *Petit Marseillais* dut le remplacer, mais elle ne voulut pas laisser sans ressources l'ouvrier qui, pendant près de 20 ans, l'avait fidèlement servie, l'honnête homme dont elle savait la belle vie. Elle le délégua au poste de portier-surveillant.

Le jour où il lui fallut abandonner ses machines, il éprouva un grand chagrin, comme s'il perdait un ami cher. En vivant avec elles, en admirant la régularité de leur marche, la

merveilleuse puissance que, comme une sorte
d'âme, leur donnait le feu qu'il entretenait en
elles, il avait fini par voir, en leur organisme,
presque des êtres animés. Et elles étaient de-
venues pour lui des compagnes qu'il entourait
de soins, d'attentions, presque d'affection. En
les quittant, il eut le cœur gros et, n'eût été la
présence de son remplaçant, il leur eût donné
un baiser d'adieu !

Les réalités de la vie vinrent faire diversion
à ce... deuil.

On comprend que le poste de portier était
moins bien rétribué que celui de mécanicien. Les appointements de Chaix furent
réduits et il fallut songer par suite à réduire
les dépenses.

Son excellente femme affecta de prendre la
chose gaiement et, grâce à ses rares qualités
de ménagère, rien ne parut changé à la façon
de vivre de la famille.

Ils durent, toutefois, renoncer à quelque
chose qui leur était particulièrement cher, au
Père surtout.

Ses deux fils étaient d'un tempérament
faible qui leur eût rendu difficile l'exercice
d'un état manuel.

Cela paraît anormal, étant donné la robuste

santé des parents, mais s'explique par la profession qu'exerçait la Mère.

Elle n'avait jamais consenti, malgré les instances de son mari, à quitter la Manufacture des tabacs. Or, — on l'ignore généralement — les cigarières sont, pour le moins autant que les *allumettières*, exposées à de très graves maladies professionnelles. Elles sont toutes, lentement mais inévitablement intoxiquées par la nicotine.

Celles qui sont douées d'un vigoureux tempérament résistent en apparence au mal, mais elles en contractent des germes qui se développent avec l'âge. D'aucunes, qui n'en paraissent pas du tout atteintes, le sont si bien qu'elles le donnent à leur progéniture.

Des statistiques officielles établissent que, sur cent enfants qui naissent de femmes manipulant le tabac, les deux tiers meurent dans les premiers mois si la Mère, après sa rentrée à la fabrique, allaite l'enfant. La mortalité tombe à 37 pour cent, ce qui est encore énorme, quand celui-ci est élevé au biberon. Ceux qui survivent sont presque tous chétifs et d'une santé débile.

C'est ce qui est arrivé aux deux fils de Chaix

et ce qui, vraiment, les rend impropres aux travaux exigeant de la force.

D'autre part, leur Père qui, si souvent en sa vie, avait souffert et rougi de n'avoir aucune instruction, voulait faire de ses deux fils des hommes instruits ; et, comme ils étaient aussi studieux qu'intelligents, il faisait pour leur avenir les plus beaux projets. Mais l'entretien de deux jeunes gens sur les bancs de l'école impose d'assez lourdes dépenses à des parents sans fortune et Chaix dut s'avouer qu'il lui devenait maintenant impossible d'y faire face.

Cette ruine de ses plus douces espérances lui fut plus pénible, plus dure à accepter que tout le reste. Il n'a pu s'en consoler.

Il songeait aux causes de sa déchéance : et, se souvenant des reproches que, si souvent, quand il se sacrifiait au salut d'autrui, lui avait fait sa femme, il avait du regret, presque des remords de ses dévouements passés.

Peu à peu, s'exagérant la gravité de sa situation, il tomba dans un découragement voisin du désespoir. Assombrissant l'avenir, il se persuadait que tout travail allait sous peu lui devenir impossible, que ses chefs, ne pouvant plus attendre de lui le moindre service, le jetteraient sur le pavé et qu'alors la misère, avec son cortège de souffrances et d'humiliations, envahirait son foyer. L'homme que nous avons vu si ferme dans les plus grands dangers se laissait abattre avec une faiblesse de femme. Cela n'étonnerait que si l'on avait oublié ce que j'ai dit de sa sensibilité et de sa tendresse de cœur.

Ah ! s'il ne se fût agi que de lui, c'est avec indifférence qu'il eût accueilli l'adversité. Mais, à la pensée que la compagne de sa vie partagerait son dénuement et que ses fils, n'ayant ni santé, ni métier, ni situation, végéteraient dans la vie, il ne pouvait résister à l'attendrissement et son énergie s'en allait dans ses larmes.

Pour le reconforter et dissiper ses idées noires, sa femme lui faisait envisager que le fils ainé, déjà avancé dans son instruction, ne tarderait pas à trouver un emploi lucratif; qu'elle même pourrait encore travailler plusieurs années à la Manufacture des tabacs avant de prendre sa retraite; que cette retraite, plus tard, leur assurerait du pain; et, finalement, qu'« en se faisant du mauvais sang » il n'arriverait qu'à aggraver son état de santé et à hâter l'heure de son incapacité à tout travail.

Le fils aîné, garçon sérieux et bon, avait vite compris les devoirs que lui imposait la situation de ses parents et s'était mis à la recherche d'un travail de bureau. Il réussit à entrer dans une administration financière; pour modestes que fussent au début ses appointements, ils suppléèrent un peu à la diminution de ceux du Père et permirent de faire achever au jeune frère ses études commerciales.

Ce ne fut pas seulement dans sa famille que Chaix trouva une reconfortante sollicitude.

Au *Petit Marseillais*, ce fut à qui lui montrerait le plus de sympathie et d'intérêt.

Dans la société des Sauveteurs du Midi, il trouva des dévouements dont la délicatesse égalait l'ardeur. Chacun cherchait un moyen de lui venir en aide pour le présent et pour l'avenir ; et l'idée vint à plusieurs de demander pour lui au gouvernement un bureau de tabac.

La demande aussitôt en fut faite et des hommes influents l'appuyèrent. Mais les jours, les mois, les années passèrent sans qu'elle reçut une réponse favorable.

Le pauvre Chaix retomba dans le découragement, perdit tout espoir et ses meilleurs amis envisageaient eux-mêmes sa situation comme étant sans issue.

C'est alors que je le connus. Je m'épris d'admiration pour sa belle vie et de compassion pour son infortune ; je caressai l'idée d'intéresser à lui le généreux public marseillais par le récit de ses actions d'éclat et je projetai d'écrire son *histoire*. Si le livre se vendait, le bénéfice en serait acquis à Chaix et ce serait un premier résultat. Il se pouvait aussi que cela déterminât, dans la presse locale, une campagne propre à forcer la main au gouvernement.

En entretenant de ce projet M. Bonniot, j'exprimai mon étonnement d'entendre dire que Chaix serait sans aucunes ressources le jour où il devrait quitter le *Petit Marseillais*. N'aurait-il donc pas une pension comme membre de la société de secours mutuels des Sauveteurs du Midi ?

J'appris alors que les pensions que servait cette Société étaient de 100 francs, qu'elles se trouvaient réduites à 70 francs, une retenue étant faite pour les secours en cas de maladie et pour le versement, en cas de décès, d'une somme de 200 francs à la famille ; que, d'autre part, ces pensions n'étaient accordées qu'aux sociétaires ayant 20 ans de présence et de participation, et que Chaix n'y aurait droit que dans six ans.

Soixante dix francs ! Ce n'est évidemment pas cela qui arracherait Chaix à la misère.

Plus d'un sera surpris de l'insuffisance des retraites que font à leurs membres les Sociétés de secours mutuels. Quelles en sont les causes ? Par quels moyens y pourrait-on remédier ?

Certes, ces sociétés rendent des services incontestables et chaque jour plus grands : mais il apparait bien, dès qu'on y réfléchit, qu'elles en rendraient de bien autrement appréciables si les lois qui les régissent favorisaient leurs progrès au lieu de les entraver.

Un gouvernement autocratique, en leur imposant une organisation propre à les maintenir dans sa complète et perpétuelle dépendance, est dans la logique de ses principes. La République, pour être conséquente avec les siens, devrait les soumettre à un régime propre à faciliter, à hâter, à assurer leur émancipation progressive.

Pour atteindre des buts opposés, il faut prendre des chemins contraires.

Conformément à la formule césarienne qu'« il faut diviser pour régner », le décret du 26 mars 1852 imposait, à toute Société voulant jouir des avantages de l'approbation, l'obligation de recruter ses membres dans une même commune ; elle ne pouvait les chercher dans les communes avoisinantes qu'autant que la population de chacune d'elles était inférieure à mille habitants. En aucun cas, le nombre des sociétaires participants ne pouvait excéder celui de cinq cents.

C'était condamner les Sociétés à végéter dans une incurable indigence. Dans les associations d'assurances, la prospérité augmente en raison directe du nombre des participants. Le plus grand obstacle au développement des Sociétés de Secours mutuels est dans leur émiettement. Si la réflexion n'en donnait pas la conviction, les faits en fourniraient quotidiennement de surabondantes preuves.

Il est des villages de la banlieue de Marseille qui, pour une population de 1500 âmes, comptent jusqu'à trois sociétés de secours mutuels, n'ayant pas chacune 60 membres. Avec les faibles cotisations que fixent leurs statuts, comment pourraient-elles arriver à des résultats appréciables ? C'est à peine si elles peuvent faire face aux dépenses de médecin et de pharmacien; la majeure partie est dans l'impossibilité d'assurer ces secours au delà de quelques semaines. Qu'une épidémie vienne, leurs ressources seront vite épuisées et elles devront faillir à leurs engagements. Il est bien certain que cela déconsidère la mutualité elle-même et lui retire la confiance des masses.

Pour rémédier à ce mal, que doit faire la République ? Simplement prendre le contre-pied de ce qu'a fait l'Empire : n'accorder le bénéfice de l'approbation qu'aux Sociétés réunissant un minimum de 500 membres; et, sous peine du retrait de ce bénéfice, obliger les Sociétés existantes à atteindre ce chiffre en opérant entre plusieurs, non pas une union laissant à chacune son autonomie, mais une fusion réelle par l'unification des statuts, des cotisations et des avantages.

Quand l'intérèt général est en jeu, c'est faire œuvre de justice et de sagesse que de briser les résistances individuelles par des lois coërcitives.

A ceux qui objecteraient que l'éparpillement des membres d'une Société dans plusieurs communes ou villages créerait de multiples difficultés dans le fonctionnement de leurs divers services, on peut répondre que les membres habitant une même commune formeraient une section du groupe général, chacune ayant à sa tête un vice-président chargé de la perception des cotisations et de la remise des secours. Que sont, d'ailleurs, quelques difficultés de détail auprès des avantages de cette organisation ? Les Sociétés arriveraient aisément de la sorte à compter 1000 ou 1500 membres et, alors, elles seraient vite à même de faire largement face à toute éventualité, d'assurer des secours pendant tout le temps que durerait la maladie, d'en donner même aux incurables. Et, il leur resterait encore des excédants de recettes qui viendraient former une réserve en cas d'imprévu et, ensuite, constituer un fonds de retraites.

Je dis «un fonds» et non une *caisse* de retraites.

Une Société de secours mutuels n'est pas, généralement, à même de servir des retraites; il lui faudrait, pour cela, compter un nombre considérable de membres participants. Même celles qui en réunissent de quinze cents à deux mille n'arrivent, avec les appoints que leur fait l'Etat, qu'à constituer des pensions insuffisantes à la vie de leurs vieux sociétaires.

Ce sont encore les décrets impériaux qui ont entrainé les Sociétés dans cette voie funeste en faisant miroiter à leurs yeux la perspective de grosses subventions et de beaux intérêts pour les fonds déposés par elles. Que de déceptions elles se sont préparées en se laissant séduire ! Pour n'arriver qu'à des résultats souvent dérisoires, elles ont aliéné des fonds qui, dans bien des circonstances, leur eussent été fort utiles.

Voilà, par exemple, la Société des Sauveteurs du Midi ; elle est nombreuse , bien administrée, florissante, le chiffre de son actif est de plus de 60.000 francs. Or, on a vu que les pensions qu'elle fait ne s'élèvent qu'à 70 francs.

La loi devrait fixer que les Sociétés ne peuvent constituer dans leur sein une caisse de retraites ; mais que, en se syndicant par dédépartement ou par région, elles constitueront une caisse générale qui, émanant d'elles, agissant sous leur contrôle et en leur nom collectif, recevra leurs fonds, les fera valoir et servira les retraites par leur intermédiaire.

Dans le département des Bouches-du-Rhône, la chose serait d'autant plus facile que deux Caisses mutuelles de retraite existent à Marseille, y fonctionnent et y prospèrent. Du jour où les Sociétés du départèment deviendraient leurs clientes, leurs opérations prendraient un essor qui, très promptement, leur permettrait de donner des retraites sérieuses, certainement bien supérieures au maximum fixé par la loi du 5 avril 1898.

Par son article 28, en effet, cette loi interdit aux Sociétés, quelque soit leur situation, de servir des pensions supérieures à 360 francs ! Celles qui le feraient perdraient tout droit aux avantages qu'elles tiennent de leur approbation et les mutualistes qui, pour se constituer un meilleur revenu, s'affilieraient à plusieurs sociétés devraient être exclus de toutes !

Ainsi, nos législateurs pensent que 360 francs par an suffisent à un vieillard pour être suffisamment à l'abri du besoin ! On a peine à croire que de pareilles prescriptions légales émanent d'un Parlement républicain !

Congrès, fédérations et sociétés mutualistes ont déjà hautement protesté contre cet article de la nouvelle loi et il faut espérer qu'il ne tardera pas à être amendé dans un sens plus libéral, plus démocratique, plus humain.

Je me résume :

Les Sociétés de Secours Mutuels recherchent

la tutelle de l'Etat parce qu'elles n'en voient que les avantages pécuniaires, parce qu'elles ne se suffisent pas à elles-mêmes, parce que leurs ressources sont restreintes et leurs charges lourdes, parce qu'elles sont pauvres. Et elles sont pauvres parce qu'elles sont émiettées et que chacune d'elles réunit trop peu de membres participants.

Qu'elles fusionnent ; qu'elles se forment en grands groupes et vite elles deviendront puissantes, prospères, riches ! Et, alors, n'ayant plus besoin de tutelle, de protection, de subventions, elles s'affranchiront et jouiront de la liberté sans laquelle les associations, pas plus que les individus, ne peuvent avancer dans la voie du progrès.

Ce m'est une satisfaction grande de constater que le département des Bouches-du-Rhône est celui où le progrès mutualiste a été le mieux compris et le plus ardemment poursuivi.

Dès 1808, la Société de Bienfaisance de Marseille entreprît une active propagande dans le but de déterminer la création de Sociétés de Secours mutuels. Le succès fut rapide et, en 1821, les nombreuses sociétés fondées, comprenant bien que leur union ferait leur force, formèrent un « grand Conseil des Mutualités des Bouches-du-Rhône » ayant pour mandat : de maintenir entre elles une fédération effective ; d'aplanir et au besoin de juger et de trancher les difficultés pouvant surgir entre les membres de chacune d'elles ; enfin, de poursuivre toutes les améliorations dont les institutions mutualistes seraient susceptibles.

En suivant l'action du grand Conseil depuis sa fondation jusqu'à ce jour, on acquiert la preuve qu'il a, dans l'accomplissement de ce programme, rendu les plus grands services à la mutualité régionale et que la mutualité nationale elle-même doit à son initiative une bonne part des progrès réalisés.

L'idée même qui a présidé à sa formation a été des plus fécondes. Mise en pratique dans diverses régions, elle a déterminé le mouvement fédératif d'où est sorti l'œuvre excellente des congrès mutualistes.

Dans ces Congrès, soit régionaux, soit nationaux, les mutualistes des Bouches-du-Rhône ont toujours été les promoteurs des projets les plus hardiment progressifs, les défenseurs des réformes les plus libérales.

En 1882, ils formulaient, touchant la révision

de la législation sur les sociétés de secours mutuels, un ensemble de vœux dont il est regrettable que la loi de 1898 se soit trop peu inspirée ; et ils élaboraient plusieurs projets pratiques autant que séduisants dont ils n'ont cessé de poursuivre la réalisation avec une obstination qui ne va pas sans étonner un peu les mutualistes du Nord.

Au nombre de ces revendications et de ces projets, je vois figurer : la division des sociétés en mutualités de secours et en mutualités de retraites ; l'obligation pour les premières de réunir un grand nombre de membres ; la nécessité d'étendre l'action des secondes à toute une région ; l'admission dans toutes les Sociétés, non-seulement des femmes, mais aussi des enfants ; la création de banques de crédit, de bureaux de placement et de magasins coopératifs pour les mutualistes ; l'institution de prud'hommies mutuelles ; la fondation d'orphelinats pour les enfants des mutualistes, etc... etc...

De tous les projets dont les mutualités de ce département poursuivent la réalisation, aucun n'égale en importance, en utilité, en *opportunité*, celui d'un Asile de retraite pour les vieillards et les infirmes sans famille, dont, à l'heure même où j'écris, le grand Conseil entreprend l'exécution.

Pareille entreprise intéresse la nation tout entière, l'Etat et les citoyens de toute classe.

En effet, plus la mutualité offrira d'avantages, d'assurances contre les coups du sort, plus elle recrutera d'adhérents ; et ce qui en résultera est facile à concevoir.

Quand la prévoyance individuelle fait défaut, la prévoyance sociale, qui n'est pas autre chose que ce que l'on appelle l'*assistance publique*, est obligée d'y suppléer.

« L'assistance de l'Etat, a écrit un philanthrope, a le grave inconvénient de créer l'indigence en la voulant soulager ; elle habitue l'homme à compter sur autrui et finit par détruire en lui toute initiative, toute activité, comme aussi la dignité et l'amour de l'indépendance. »

L'assistance publique fait aussi supporter par les contribuables de très lourdes charges.

Le plus sûr moyen de développer la prévoyance individuelle, d'en faire pénétrer dans les classes laborieuses, le goût, l'habitude et la pratique, c'est de faciliter les progrès des Sociétés mutualistes, parceçu'aucune des formes de la prévoyance n'offre à la fois autant de facilités, de garanties et d'avantages qu'elles. Donc, il y a un intérêt public à les faire prospérer, à étendre leur action, à seconder leur expansion.

Ce ne sont pas des subventions que l'on demande à l'Etat, ce sont de bonnes lois, réalisant les réformes réclamées par les sociétés, ou — ce qui vaut mieux — leur octroyant la liberté qui leur est nécessaire pour les réaliser elles-mêmes.

Le jour où l'on entrera dans cette voie, les Sociétés de secours seront à même de résoudre le problème social.

Cette digression, — trop longue, j'en conviens — me sera, je l'espère, pardonnée. La question est d'une haute importance pour la classe de lecteurs auxquels j'entends plus particulièrement m'adresser et j'ai cru, en m'y arrêtant, donner à ce livre une opportune conclusion, tirer de la biographie de Chaix une morale pratique.

Je reviens à lui.

A l'heure où il paraissait qu'il dût abandonner tout espoir, le salut lui est venu.

Ce fut avec une bien grande joie que les

Marseillais apprirent, l'an dernier (1898) que leur concitoyen, M. Peytral, sénateur des Bouches-du-Rhône, revenait aux affaires, comme ministre des finances ; mais les plus heureux furent les amis de Chaix. Ils connaissaient les sentiments de M. Peytral à l'endroit de celui-ci et les démarches nombreuses qu'il avait faites en faveur de sa demande d'un bureau de tabac. Ne doutant pas que son dévouement ne lui fût toujours acquis, ils se contentèrent de rappeler la demande au bienveillant souvenir du Ministre.

M. Peytral n'est pas seulement une intelligence supérieure, il est aussi un grand cœur. Il savait les mérites, les besoins et « les droits » — le mot est de lui — du grand sauveteur marseillais, et il répondit qu'il saisirait la première occasion qui lui serait offerte pour lui donner pleine satisfaction.

Le 12 octobre, M. Peytral annonçait personnellement à un ami d'Edouard Chaix que, par décision de la veille, celui-ci avait été nommé titulaire d'un bureau de tabac de première classe. Le Ministre ajoutait qu'il eût bien désiré que ce bureau fût situé à proximité de Marseille, mais que, comme aucun n'était vacant en Provence, il n'avait pas voulu laisser échapper celui dont il avait pu disposer.

Donner vite, c'est donner deux fois, au dire de Sénèque; mais une aussi grande amabilité rehausse singulièrement le prix d'un bienfait.

Le bureau accordé à Chaix est situé près de Brest. S'il le pouvait tenir lui-même, il en retirerait environ 1300 fr. par an. Plusieurs raisons l'ont déterminé à le laisser aux mains de la personne qui le gère depuis plusieurs années.

Inutile de dire que Chaix n'a pas les 4000 francs nécessaires à l'acquisition des marchandises, du matériel et de l'installation de ce bureau.

D'autre part, sa femme, qui n'a plus que deux ans à attendre pour avoir droit à sa retraite comme cigarière, ne peut ni ne doit renoncer aux avantages de cette retraite.

Il faut aussi dire que notre vieux marseillais ne peut se faire à l'idée de quitter sa chère Provence, ses enfants, ses parents et ses amis, pour s'expatrier dans ce département du Finistère, qui pour lui est bien, ainsi que son

nom, d'ailleurs, le dit (1), le « bout du monde ».
On lui a assuré que le climat humide de la
Bretagne est meurtrier aux rhumatisants et, se
souvenant de l'ancien capitaine du petit trans-
port dont il était à Port-Saïd le mécanicien-
chauffeur, il a, contre les Bretons, des pré-
ventions qui les lui rendent peu sympathi-
ques. Elles ne sont pas fondées, mais elles
sont invincibles.

Chaix reste donc à Marseille et, comme la
bonne fortune a un peu raffermi sa santé, il
espère bien conserver, plusieurs années
encore, son poste au *Petit Marseillais*.

En venant m'apprendre la décision de
M. Peytral en sa faveur, il me dit, les yeux
mouillés de larmes : « J'ai le pain sur la planche, la paix dans l'esprit, la gratitude dans le
cœur ; il ne se peut pas qu'un homme soit
plus heureux que moi. »

Oui ; il a, sur la planche, du pain et quelque
chose avec. La location de son bureau de
tabac lui rapporte 800 francs ; avec la retraite
de sa femme et la pension que lui servira plus
tard la Société des Sauveteurs du Midi, le
vieux et brave ménage aura un revenu de

---

(1) Finistère, formé des deux mots latins : *Finis terræ*, fin de
la terre.

treize cents francs environ. Ce n'est pas le Pactole, certainement; mais c'est le nécessaire assuré.

Comment Chaix n'aurait-il pas la sérénité dans l'esprit ? A qui n'a fait que du bien, le remords est inconnu ; et l'on ne peut avoir d'ennemis quand on fut bon pour tout le monde.

Quant à sa gratitude, elle est si débordante qu'elle s'étend à tous ceux qui, sans avoir la moindre part dans sa bonne fortune, lui laissent seulement voir qu'ils s'en réjouissent.

Je suis de ceux-là.

Qu'on veuille m'en croire ; je n'ai jamais eu la témérité de penser que quelques pages tombées de ma vieille plume auraient la vertu de sauver Edouard Chaix du péril qui le menaçait lorsque je l'ai connu. Et quand j'ai appris que son « sauvetage » avait été fait sans moi, ma joie a été d'autant plus grande que je me trouvais débarrassé d'une besogne que je sentais au dessus de mon pouvoir.

Je ne m'en félicite pas moins d'avoir appelé sur ce grand sauveteur, par le récit de ses belles actions, la sympathie des gens de cœur, d'avoir été le panégyriste de ce héros modeste autant qu'admirable, d'avoir enfin, sur le déclin de ma vie, rencontré ce que je croyais ne pas exister en ce bas monde : un homme heureux unanimement jugé digne de l'être !

FIN 

TABLE

Marseille. — Typ. de l'Agence de Publicité et de l'Indicateur
Marseillais (Pierre Blanc Père), rue Haxo 9.

BIBLIOTHÈQUE NATIONALE — R. F. — IMPRIMÉS

www.ingramcontent.com/pod-product-compliance
Lightning Source LLC
LaVergne TN
LVHW021436170726
843501LV00005B/1359